ものがたり西洋音楽史

近藤　譲

ュニア新書 892

目　次

序章

物語のはじまり

16 世紀末の器楽合奏のようす

「歴史」は、過去のできごとや事柄の単なる記録ではありません。「歴史」とは、過去のさまざまな事実や、事実であっただろうものをつづり合わせて描かれた、ひとつの「物語」なのです。無数にある過去の事実を選り分け、それらの中からどれを取り上げるかによって、また、たとえ同じ諸事実を取り上げたとしても、それらをどのように解釈し、どのような見方からつづり合わせるかによって、この「歴史という物語」は異なったものになります。

そのために、これまで知られていなかった新たな事実の発掘、あるいは、解釈にあたってのものの見方の変化にうながされて、「歴史」は絶えず書き直されていくことになります。客観的で普遍的な唯一の正しい「歴史」などはありませんし、そもそもそのようなものはありえないのです。

そう考えれば、音楽史（音楽の「歴史」）について、これまでにひじょうにたくさんの本が書かれ、そしてこんにちでも新たに書き続けられている理由が、納得できるでしょう。『ものがたり西洋音楽史』と題されたこの小さな書物は、そうした新たな「物語」のひとつ、つまり、現代の（この書物の読者と著者が共に暮らしているこの時代の）ひとつの見方からつづられた、「音楽の歴史」という物語です。

この「音楽の歴史」という物語の主人公は、いうまでもなく、「音楽」です。しかし、一口に「音楽」といっても、いろいろ異なった種類のものがあります。テレビやラジオからいつも流れてくるポピュラー音楽は、いわゆる「クラシック音楽」とは少し違いますし、また、日本の伝統音楽は、それらのどちらともまた大きく異なっています。

地球のすみずみまで歩きまわって調査した現代の民族音楽学者たちによれば、世界のどこに行っても音楽がある。つまり、音楽をもたない文化は存在しないそうです。文化が異なればその言語が異なるように、音楽もまた異なります。それらの違いにはいろいろ程度の差がありますが、とくに遠いなじみのない文化の音楽はあまりにも異なっていて、とても不思議なものに感じられることもあるでしょう。

例えば、二〇世紀のイギリスの著名な作曲家ベンジャミン・ブリテンは、一九五六年にアジア旅行の最後の訪問地として日本を訪れて、雅楽(ががく)や能などの伝統音楽を初めて聴き、

「日本の音楽は、私がこれまでに聴いたものの中で最も奇妙だ。しかし、非常に強く心に残り、そして、美しい」(一九五六年三月二七日付、ハンフリー・サール宛(あて)の手紙)

と、記しています。ブリテンは、初めて聴くその音楽の異質さに新鮮な驚きを感じて、強く心

をひかれたようです。

　異質な音楽は、なにも、遠い異国だけにあるわけではありません。同じ西洋の音楽であっても、例えば、この本の第一章で説明されるような中世の単旋聖歌(たんせんせいか)（いわゆる、グレゴリオ聖歌）は、私たちが耳にする機会の多いクラシック音楽――主として、一八世紀後期から一九世紀の作曲家たち（ハイドン、モーツァルト、ベートーヴェン、ショパン、ヴァーグナーなど）の曲――とは、ようすがまったく違う音楽です。タイムマシンに乗って何世紀も時をさかのぼれば、そこには現代の人々にとってなじみの薄い文化があり、聴きなれない音楽があるのです。

　しかし、中世の単旋聖歌のような「奇妙な」音楽は、はるかに遠い過去の音楽ではあっても、西洋の人々にとっては、じつのところ、異境の音楽ではありません。ですから、それを異国の文化の音楽と同じように単に「異質な音楽」としてしまうのは、乱暴すぎるかもしれません。つまり、中世の単旋聖歌は、西洋音楽の起源（あるいは、初期の一段階）なのであって、現在の私たちが聴きなれている西洋音楽は、この起源から発して一連のさまざまな変化をたどった結果としてあるのですから、そこには、いわば、河の源流と下流のような、ひと続きのつながりがあります。

　西洋の古代から現代までの各時代には（他の文明の場合でもそうなのですが）、それぞれに異なる音楽様式（音楽の姿）が形成されてきました。各時代の音楽様式は、前後の時代の様式と、あるいは、時を隔(へだ)てた他の時代の様式とも強いかかわりをもっていて、そうしたかかわりが「西洋の音楽文化」の過去から現在までの連続性とまとまりを作り出しています。中世の単旋聖歌とベートーヴェンの交響曲は、どちらも、そうしたひとつの同じまとまり（「西洋の音楽伝統」）の上にあるのです。

とはいえ、この西洋の音楽伝統がこれまでに経てきたいくつもの時代の音楽様式は、一つ一つが、時代ごとに異なる音楽観、価値観、美意識、聴き方、社会的・文化的状況などを映した、きわだった独自性を具えています。各時代に、他の時代とは異なった、その時代の音楽の様式と文化があるのです。

各時代の音楽は、たがいに独立していると同時につながってもいる。このことは、「音楽史」という物語を描こうとするときに、二つの異なった姿勢が可能であることを示しています。ひとつは、「つながり」を大切にして、源流から現在の私たちになじみの音楽様式に向かってくるひと続きの流れとして見ること。そしてもうひとつは、各時代の音楽様式の独自性を尊重して、たがいに異なる独立したいくつもの音楽様式の交替として見ることです。

前者の立場をとれば、「音楽史」は、現在の音楽様式がその源流からどのように成立してきたか、その「過程」を述べる物語になります。音楽にかぎらず一般的にどのようなものごとに関してもいえることなのですが、何かができてくる「過程」を見るときは、つねに、「できあがりのかたち」（最終的なかたち）が頭の中にあり、そこからさかのぼって、それがどのような起源からどのような諸段階を経て、どのようにできてきたのかを観察することになります。「音楽史」の場合、「できあがりのかたち」とは、現在の私たちがなじんでいる音楽様式です(これから何十年かたてばそれはまた変化してしまうでしょうから、けっして最終的なかたちとはいえませんが、とりあえず、今の私たちにとってはそれが「できあがったかたち」です)。そして、中世の単旋聖歌という「起源」と現代の音楽様式との間にあるいくつもの時代の音楽様式はすべて、この「できあがったかたち」に至る過程の上にある途中の段階としてみられることになります。

そこでは、現代の音楽様式を構成しているいろいろな要素の中のどの要素が、どの段階で(どの時代の音楽様式に)姿を現したのかということが重視されます。そして、各時代の音楽様式は、そういった関心から観察される。つまり、過去のさまざまな音楽様式は、それぞれの独自性によってではなく、現在の音楽様式とのかかわりとつながりの度合い(あるいは、共通性)によって理解され、意味づけられることになります。

それに対して、「音楽史」についてのもう一方の立場、すなわち、たがいに異なる独立したいくつもの音楽様式の交替というふうに見る場合には、現在の音楽様式とのつながりはそれほど重要ではありません。この見方の土台となっている考えは、次のようなものです。つまり、過去の各時代の音楽とその文化は、それ自体として価値をもち、それ自体として理解されるべきだ、という考えです。

私たちに私たちの音楽と文化があるように、過去の時代には、それぞれの時代にそれぞれの音楽と文化があります。それらの間には、とうぜん、さまざまなかかわりや共通性があるのですが、一つ一つはそれ自体の価値をもった独自の存在であって、けっして「途中の段階」ではない。

こうした見方に基づいた「音楽史」の物語は、いくつもの独立した音楽様式の鎖（くさり）のような連（つら）なりとして描かれることになります。そして、この『ものがたり西洋音楽史』は、まさにこのような見方から書かれた物語です。したがってここでは、前後の時代とのかかわりを意識しながらも、それぞれの時代の音楽様式の特徴と特質を描きだすことが中心になっています。

私たちが聴きなれている音楽の起源をたずねて、過去の音楽の中に現在の音楽の萌芽（ほうが）や部分的なかけらを探しだそうとするのではなく、各時代の音楽と音楽文化をできるかぎりそれ自体としてとらえ、理解すること。そうすることによって、西洋音楽というひとつの音楽伝統が、いくつもの「異質な音楽」から成り立っていることがはっきりと意識されるでしょうし、西洋音楽文化の豊かな多様性とそれがもっているさまざまな価値が見えてくるでしょう。

ブリテンはアジアにはるばる旅して異文化の音楽に出会ったわけですが、この西洋音楽史の物語の読者も、さまざまに異なった過去の音楽との出会いに、きっと、新鮮な驚きを味わうことでしょう。

ところで、異国の音楽を聴くためにはその土地へ行って演奏を聴けばよいのでしょうが、過去の時代の音楽を聴くにはどうすればよいのでしょうか？

こんな質問をするのは、ばかげていると思われるかもしれません。なぜなら、現代の私たちの生活には、あらゆる種類の音楽の録音があふれていて、その気になりさえすれば、世界中のどの地域の音楽も、過去のどのような時代の音楽も、かんたんに聴くことができるからです。異境の音楽を聴くためにわざわざ旅に出る必要はなく、それと同じように、タイムトラベルなどしなくても過去の時代の音楽を聴くことができます。

しかし、遠い土地の音楽の場合と、過去の時代の音楽の場合には、大きく異なる事情もあります。遠い土地には実際に行って録音することができますが、タイムトラベルは現在のテクノロジーでは不可能なのですから、実際に過去に行って録音をしてくることなどできません。

いま私たちが聴くことのできる「過去の時代の音楽」は、とうぜん、現代の演奏家の演奏によるもので、過去のその時代の音楽家の演奏ではありません。では、現代の演奏家は、どのようにして過去の音楽を演奏することができるのでしょうか？　この質問もまたばかげているかもしれません。あらためて問うまでもなく、答えは自明であるように思えるからです。つまり、過去の音楽は、楽譜（がくふ）に記録されているので、現代の演奏家は楽譜からその音楽を再現できるということです。

しかし、じつのところ、楽譜には、音楽の丸ごとすべてが記録されているわけではないのです。音楽は、音符や文字といった記号に変換して表すことがひじょうに難しい要素をたくさん含んでいます。そのために、たとえどれほど精密に楽譜を書いたとしても、楽譜だけによってそれらの要素を表し伝えることはできません。その意味で、楽譜は、不完全な記録媒体でしかなく、楽譜さえあればそこから音楽が再現できるというわけではないのです。

そうした楽譜の「不完全さ」をおぎなっているのが、「演奏の慣習」（あるいは、「演奏の伝統」）といわれるものです。「演奏の慣習」とは、いわば、音楽家たちの間で共有されている「演奏に関する常識」です。その「常識」は、楽譜の読み方、楽譜には書かれていない微妙な音楽的ニュアンスのつけ方、歌い方や楽器の弾き方をはじめとして、おおよそ「音楽の演奏」に関するあらゆる種類の情報を含んでいます。それらの情報のほとんどは、文字や記号で書き記すことが難しいもので、師から弟子へと、演奏のレッスンという場での伝授（教育）を通して、「演奏の伝統」として伝えられていきます。そして、音楽家たちは、楽譜と「演奏の伝統」が伝える情報によって、過去の時代の音楽も演奏することができるのです。

「演奏の伝統」は、しかし、永続的でも、不変でもありません。時代が移って、音楽様式が変われば、とうぜん演奏のしかたもそれにともなって変化します。前の時代の音楽の「演奏の伝統」は、しばらくの間は音楽家たちの記憶の中に留まるでしょうが、徐々にその記憶も薄まって、やがて忘れられていきます。
　例えば、現代の音楽家たちは、一九世紀後期（ヴァーグナー、ブラームスといった作曲家たちが生きていた時代）の「演奏の伝統」を、漠然とではあっても伝え知っています。しかし、一八世紀前期（バッハが活動していた時代）の「演奏の伝統」については、もはや遠い過去の深い霧の中にあって、現代からは見通せません。ましてや、それ以前の時代の「演奏の伝統」は、すでに忘却の彼方です。二、三百年もたてばすべて失われてしまうのです。

　このことは、私たちが過去の音楽を知ろうとするときに、ひじょうに大きな障害として目の前に立ちはだかります。楽譜が残っていたとしても、「演奏の伝統」が途絶えてしまえば音楽は再現できないのですから、それが本当のところどのような音楽であったのかは、結局よくわからないのです。

　しかも、楽譜がかなり精密に書かれるようになったのは、せいぜいこの二〇〇年間ほどのことでしかありません。それ以前の時代の音楽実践は、多くを「演奏の慣習」に依存していて、古く一〇世紀ごろの昔にまでさかのぼれば、楽譜というものはあっても、そこで楽譜が果たしていた役割は、現在とはとても比較にならないほど小さなものでしかありませんでした。当時の楽譜は簡素なもので、そこには、あまり多くの情報は書かれていません。さらに、楽譜に記すことなく、もっぱら「演奏の慣習」だけに基づいて行われていた音楽も少なくありません。その場合には、楽譜という記録さえもないのです。

　このような大きな障害をなんとか乗り越えて、過去の音楽のようすを明らかにすることが、音楽史学の研究者たちのひとつの大きな目標です。一九世紀の後期にその学問が確立して以来、研究者たちは、古文書館の奥に人目に触れずにうもれていた過去のさまざまな時代の楽譜を掘りおこし、それとともに、当時の音楽理論書、楽器や歌の練習の手引きとして書かれた教則本、残存している当時の楽器、文学作品などでの音楽についての記述、絵画に描かれた演奏のようすをはじめとするさまざまな史料が示している根拠に基づいて、当時の「演奏の伝統」の推定を進め、それによって、過去のいろいろな時代の音楽の姿をかなりの程度まで明らかにしてきました。そのおかげで、遠い過去の音楽も、現代の音楽家たちの演奏で聴けるようになり、そして、こうして音楽の「歴史」の物語を描くこともできるのです。

　けれども、このようにして描くことができる「歴史」には、あいかわらず大きな限界があります。つまり、楽譜をはじめとしたさまざまな史料にもほとんど記録がない音楽は、この物語には登場できないということです。例えば、社会の低い階層の民衆の音楽については、（音楽がそこになかったはずはないのですが）記録がありません。それは、史料を残した人々が、たいていの場合、当時の支配階級の人々であって（古い時代には民衆の大部分は読み書きができませんでした）、彼らにとってそうした音楽は、とるにたらない、とうてい記録する価値などないものだったのでしょう。

多くの記録が残っているのは、どの時代についても、社会の支配階級の文化における音楽についてであり、したがって、西洋音楽史も、その音楽をめぐる物語にならざるをえないのです。

さて、この『ものがたり西洋音楽史』の舞台は、ヨーロッパです。そして、他の多くの「西洋音楽史」が古代ギリシアから語りはじめているのとは異なって、この物語は、中世から、つまり、四七六年の西ローマ帝国の崩壊の後の時代からはじまります。

というのも、この時代に、古代のギリシア・ローマの文化と、キリスト教、そして北方から侵入してきたゲルマン人の文化が融合して、「ヨーロッパ世界」が誕生したからです。古代ギリシアからローマ帝国に受け継がれていた音楽は、五世紀までには廃(すた)れて、ヨーロッパの音楽が形成されはじめるのです。

第１章

音楽は聖句の乗りもの——中世
（5世紀後期〜14世紀）

復活祭のトロープスの楽譜（サン・マルシャル修道院蔵の12世紀の写本）

「中世」とは、五世紀半ば過ぎから一四世紀までの一〇〇〇年近くにもわたる長い時代に、後世の学者が与えた呼び名です。そこには、輝かしい古代と近代との「中間」の暗闇の時代という意味合いが含まれています。もちろん、それは後世の人の偏見ともいえる見方であって、当時の人々の実際の意識を映しているわけではありませんし、この時代に生みだされたさまざまな文化の輝きを不当に見過ごしてしまっています。

とはいえ、ゲルマン民族の大移動がひきおこした混乱の果てに西ローマ帝国が崩壊すると、ヨーロッパにはいくつかの部族的な王国が分立して、社会的にも不安定な時代が訪れたことは事実です。古代世界の市民の平穏な生活と文化を支えていた多くのものが――つまり、社会秩序、そして、道路や劇場などの立派な公共施設をはじめとして、古代の知恵とテクノロジーが達成したものの多くが――、おびやかされ、打ち捨てられ、忘れ去られてしまいます。

戦乱と疫病におののき、旅をすれば絶えず盗賊の襲撃におびえなければならないような危険に満ちた世の中。その中で、人々の生活の精神的な支えとなったのは、キリスト教でした。そしてキリスト教会は、じつのところ、部族的・政治的対立を超えた唯一の統合的な権威だったのです。

多くの人が、自らの心の平穏を求めて、そして同時に、世の中の人々（すべて同じ「神の子」である人間）を救い援ける奉仕に生涯を捧げるために、修道士となって修道院に入りました。修道士たちは、祈りと労働に日々を送り、いつか人の役に立つだろうと思われる古代の書物を筆写して、そのおかげで、古代の思想や理論的思考のうちのいくらかが、失われずに受け継がれます。また、教育が授けられたのは、教会においてだけだったのです。

このような状況の下で、教会での聖歌こそが最も重要な音楽だと見なされたのは、とうぜんのことだったといえるでしょう。

（一）神への祈りの言葉：単旋聖歌（グレゴリオ聖歌）

中世に教会や修道院での典礼（礼拝式）で歌われていた歌は、伴奏なしの一本の旋律線だけでできているモノフォニー（単旋律）の音楽で、その歌詞は、教会の言語であったラテン語による聖なる祈りの言葉でした。こうした特徴から、それは「単旋聖歌」と呼ばれています。単旋聖歌は、独唱、または斉唱の合唱で歌われました。

今の私たちは、ふつう、「音楽」というものは演奏したり聴いたりして楽しむものだと思っています。しかし、中世の典礼で歌われた聖歌の場合には、そのような考えは当てはまりません。

そこでの聖歌は、「音楽」として独立して存在するのではなく、典礼の一部としてあるものでした。それは、人間の聴き手に向けて歌われるのではなく、神に語りかける「祈り」なのです。祈りの言葉は、単に読み上げられるよりも、節づけられて朗唱され、歌われることで、神聖な儀式にふさわしい、いっそう荘厳なものになったのです。

キリスト教は、三一三年の「ミラノ勅令」によってローマ帝国に公認されて以来ヨーロッパの各地方に広まっていましたが、その典礼のようすは、どこの教会でも同じに統一されていたわけではなく、地域によって異なっていました。七世紀には、主要な四つの典礼様式――ローマ式典礼、アンブロシウス典礼(ミラノを中心とする北イタリア)、ガリア典礼(フランス・西部ドイツ)、モサラベ典礼(イベリア半島)――が知られていて、それぞれに独特の聖歌がありました。

しかし、七世紀初め以降、ローマの教皇が力を拡げはじめ、ついに九世紀初めには、ヨーロッパの政治的盟主として世俗の覇権を握っていたフランク王国のカール大帝〔在位七六八~八一四〕と結ぶことによって、その権力を不動のものにします。それによって、ローマ式が公式の典礼としてあらゆる地域で行われるようになりました。そのローマ式典礼(すなわち、ローマ・カトリック教会の典礼)で歌われた聖歌が、「グレゴリオ聖歌」と呼ばれているものです。聖歌の編纂と作曲に大きな功績があったとされる大教皇グレゴリウス一世〔在位五九〇~六〇四〕を称えてその名が冠されたようなのですが、しかし実際のところ、それは、ずっと後の時代に作られた聖歌まで含んでいます。

典礼と聖歌の種類

ローマ・カトリック教会の最も重要な典礼は、「聖務日課」と「ミサ」です。聖務日課とは、修道士たちの日々の務め、すなわち、祈りの儀式です。午前二時ごろの「朝課」(夜間の祈り)に始まり、「賛課」(夜明け前の祈り)、そして日中の四つの祈り(日中の小時課)を経て、「晩課」(日没の祈り)、「終課」(就寝前の祈り)まで、一日を通じて八つの祈りから成っています。

すべての祈りにおいて、中心となっているのは聖書の詩篇の朗唱です。詩篇一五〇篇の詩のすべてが、一週間の聖務日課の中で朗唱される決まりでした。詩篇の朗唱のやり方には、定式がありました。つまり、歌詞の文章のほとんどの音節が、同じ一つの高さの音のくり返し——その音を「朗唱音」と呼びます——で歌われ、文章の始め、途中の節目、最後で、その音からほんの少し外れて別の音に動きます。つまり、朗唱音からの逸脱が、文章の区切りを示して、歌詞の意味を伝えやすくしているのです。

一方、ミサは、キリストとその弟子たちの最後の晩餐を象徴的に映した儀式で、教会の中心的な典礼です。信者たちにも開かれているその儀式の根本は、キリストの肉と血の象徴であるパンとぶどう酒を捧げ、神に感謝し、パンを裂き、信者たちに配り与えること(「感謝の祭儀」)にあり、それが、聖書の朗読を中心とする教育的な意味合いをもつ祭儀(「ことばの祭儀」)と組み合わされています。

キリスト教会の暦には、クリスマス(降誕祭)やイースター(復活祭)をはじめとしてたくさんのさまざまな祝日があるのですが、ミサで朗読や朗唱や歌唱によって唱えられる言葉には、祝日ごとに異なっているもの(特定のミサに固有のものなので「ミサ固有文」と呼びます)と、すべてのミサで変わりなく用いられるもの(「ミサ通常文」)があります。

ちなみに、ルネサンス期以降現代までの多くの作曲家たちが膨大な数の「ミサ曲」を作曲していますが、そのミサ曲を構成している五つの楽章――「キリエ」(憐みの賛歌)、「グローリア」(栄光の賛歌)、「クレド」(信仰宣言)、「サンクトゥス」(感謝の賛歌)、「アニュス・デイ」(平和の賛歌)――の歌詞はいずれもミサ通常文です。ただし、前にも述べたように、中世におけるミサ通常文の聖歌はあくまでも典礼で唱えられる「節づけられた祈りの言葉」のひとつであり、音楽作品としての「ミサ曲」といった考え方とは無縁だったことを断っておかねばなりません。

聖歌の旋律

単旋聖歌の旋律は、どれも、緩やかにたゆたって流れます。歌詞の文章の区切りにしたがって、旋律にも区切り(たとえ途中の区切りであっても、音楽理論ではそれを「終止」といいますが、それによって流れが途切れてしまうことはありません。狭い音程(二度や三度)でなめらかな行き来をくり返し、ときおり四度や五度といった少し広めの音程の跳躍があっても、そうした跳躍が連続して起こることはありません。一つの旋律全体の音域も、たいていは比較的狭く、ほぼ一オクターヴ程度に収まっています。

また、多くの聖歌の旋律を見わたしてみると、歌詞の文章の各音節に一つずつ音が割りふられているもの、一つの音節に二つまたは三つ程度の音が当てられているもの、そして、より多くの数(しばしば、ひじょうにたくさん)の音が当てられているものがあることに気づきます――これら三種類のそれぞれを、「音節的」、「ネウマ的」、「メリスマ的」といいます。

聖歌では、歌詞の中の大切な言葉には、その言葉を強調するかのように、より多くの音を割りあてる傾向があり、また、荘厳な意味合いの聖歌ほど全体にメリスマ的な要素が多いという傾向がみられます。これらの特徴は、聖歌の旋律(すなわち、音楽)が、大切な言葉や典礼を荘厳に装飾する役割を果たしていたことを示しています。ちょうど、教会の建物が彫刻やステンドグラスで飾られ、聖なる書物が豪華な細密画で装飾されたのと同じように、祈りの言葉は、音楽によって豊かに飾られたのです。

このように、旋律的動きの豊かさは、そこで歌われている言葉の重要性を暗示しています。とはいえ、その旋律は、必ずしもその言葉の意味内容を表そうとしているわけではないようです。

例えば、「神よ、私を憐れんでください」という切実な嘆願の祈りと、「神に栄光あれ」という輝かしい賛美という、ひじょうに対照的な気分の言葉を歌う旋律を比べてみても、旋律自体の表情や雰囲気にはそれほど大きな差はありません。つまり、ここでの音楽（旋律）は、言葉（歌詞）の意味内容を表現して伝える媒体ではなく、大切な言葉を神の耳元に丁重に運び届けるための豪華な乗りもののようなものだといえるでしょう。

（二）音楽を書き記す：聖歌の伝承と楽譜

中世の音楽に楽譜らしきものが現れるのは、ようやく九世紀以後になってからのことです（古代ギリシアには独特の楽譜がありましたが、その伝統は失われていました）。単旋聖歌は、長い間、もっぱら歌い手たちの記憶によって歌い継がれ、口頭で伝承されていたのです。

聖歌の記譜

聖歌の楽譜らしきものの最初の形は、歌われる言葉（歌詞）の上にアクセント記号のような印（こんにちのフランス語のアクセント記号に似ています）をつけて、旋律の抑揚を示しただけのものでした。九世紀の終わりごろになると、とくに旋律的な動きの多い聖歌では、基本的なアクセント記号を二つから五つ以上も合成した流麗な形の複合的な符号が用いられるようになります。そうした符号は「ネウマ」［ラテン語化したギリシア語で「身振り」の意］と呼ばれます。ネウマを記すことで、旋律のだいたいの輪郭がじゅうぶん明瞭に示されるようになりました。

しかしそれでも、音の高さが正確に示されているわけではありません。それは、旋律を習って覚えるときのための、あるいは、すでに覚え知っている旋律を誤りなく想い出して歌うためのメモ、つまり、記憶の補助にすぎないもので、もし旋律を知らなければ、ネウマを見てもその旋律を再現することはできません。

一〇世紀末から一一世紀初期には、ネウマをまっすぐ一列にではなく上下に波打つように書くことで、音の高低を示している写本がみられるようになります。そして、それとほぼ同時期に、言葉（歌詞）の文章の上に一本または二本の線（譜線）を水平に引き、その線との位置関係によってネウマの音の高低を表す記譜法が現れます（それを、「音高ネウマ」または「ディアステマタ記譜法」［「ディアステマタ」は「間隔」の意］と呼びます）。

音高ネウマによって、ネウマの音高がかなり正確に（あいまいさがまったくないというわけではないにしても）書き記されるようになったことで、聖歌の習得や伝承はより容易になったにちがいありません。

しかしその一方で、それは、聖歌にとって良いことばかりではなかったのです。音高を正確に示すには旧いネウマの流麗な形を修正する必要があり、それによって、旧い形のネウマが暗示的に表していた微妙な音楽的要素――例えば、音階にない音や、装飾的に用いられていた微分音（半音より狭い音程）――は、新たな記譜法では示せなくなりました。そして、聖歌の伝承が「正確な」楽譜に依存するようになればなるほど、楽譜に書けないそうした要素は、切り捨てられ、失われてしまう恐れがあり、実際にそうなっていったのです。

聖歌の中心地のなかには、音高ネウマのそのような難点を避けて、譜線のない記譜法を用い続けたところもあります。例えば、スイス東部のザンクト・ガレンの修道院は、聖歌の最も重要な初期写本を遺したことで有名ですが、そこでは、ずっと後の時代に修道院自体が衰退してしまうまで、音高ネウマは用いられませんでした。

（三）音楽をめぐる理論

知的な学科としての「音楽」

単旋聖歌の起源は、たぶん、古代のイスラエル、シリア、ビザンティウムのキリスト教やユダヤ教の音楽伝統にあると思われるのですが、その一方で、中世の修道士たちが受け継いだ音楽をめぐる理論は、古代ギリシアの伝統にそったものでした。

古代ギリシアのピュタゴラスにはじまったとされる音楽についての数理的な思考の伝統を受けて、中世では、「音楽」(理論としての「音楽」)は、重要な学問として、いわゆる「自由七科」の中の数学的四科の一つに位置づけられます。つまりそれは、数にかかわる学問だったのです(こうした考え方は、ずっと後の時代まで引き継がれていきます)。真の音楽家とは、知的な学科として「音楽」を理解した人のことであって、音楽の実際的な作曲や演奏は、はるかに低く見なされていました。

中世において「音楽」の最高の権威として尊ばれたボエティウス〔四八〇頃~五二四〕は、『音楽教程(デ・インスティトゥティオーネ・ムシカー)』を著し、その中でピュタゴラスの数比的な音楽理論を伝えるとともに、音楽には三つの種類があると述べています。すなわち、「宇宙の音楽(ムシカ・ムンダーナ)」、「人間の音楽(ムシカ・フマーナ)」、「道具の音楽(ムシカ・インストゥルメンタリス)」という三種類です。最も高位にあるのは「宇宙の音楽」で、それは、天体の配置と運動の調和による音楽です(人間の耳には聞こえません)。「人間の音楽」は、人体の諸部分の、そして身体と霊魂の調和。そして、最も低位に置かれている「道具の音楽」は、声や楽器で奏でられる音楽(こんにちの私たちがふつうに音楽といっているもの)ですが、それはいわば、上位の「音楽」におけるのと同じ「調和」の表象なのです。

したがって、「道具の音楽」についての理論でも、調和的な秩序、つまり、音の配置をつかさどっている整然とした体系的組織性ということが、重要な論点の一つになっています。

旋法（せんぽう）の理論

旋律を構成する音をつかさどる組織として、ボエティウスは、八つの旋法（音階）をあげています。それらの旋法は、二つずつ対（つい）を成して四対に組織され、それぞれ伝統的なギリシアの諸地方の名前を冠して、ドリア、フリギア、リディア、ミクソリディア（各対の中の低い方の旋法は、例えばヒポドリアといったように、「ヒポ」〔「下」という意〕をつけて）と呼ばれています。

しかし、古代ギリシアの純思索的（じゅんしさくてき）な理論から導き出されたそうした旋法は、中世の聖歌の実態からかけ離れたものでした。それでも、その体系的な理論は中世の知性をひきつけて、ボエティウスの教えと聖歌の実際とをなんとか調停しようとする試みが何世紀にもわたって熱心に続けられます。そして一一世紀には、とくに、グイード・ダレッツォ〔九九一～一〇三三以後〕と、ヘルマヌス・コントラクトゥス〔一〇一三～五四〕の著作で、その成果が形を整えて表れます。

八つの旋法はいずれも全音階的な（つまり、臨時記号がない）音階ですが、音域と終止音（ニ音、ホ音、ヘ音、または、ト音）を異にしています。同じ終止音をもつ一対の旋法のうち、終止音からオクターヴ上までの音域をとるものは「正格」旋法、終止音の四度下の音から五度上の音までのオクターヴの音域をとるもの――言いかえれば、ボエティウスの理論での「ヒポ」――は「変格」

旋法と分類されています。
例えば、二音を終止音とする一対の旋法、ドリア旋法とヒポドリア旋法は、前者が正格で、後者が変格です。そしてまた、各旋法には、それぞれに決まった朗唱音があります（ところで、中世の聖歌は、じつのところ古代ギリシア音楽とは無関係なので、ギリシア名ではなく、番号で呼ぶのが適切です——ドリアは第一旋法、ヒポドリアは第二旋法といったぐあいで、奇数番が正格旋法、偶数番が変格旋法になります）。

このみごとに整った旋法体系は、単旋聖歌の終止音や朗唱音や音域についての実際のようすをかなりよく映しています。しかし、旋律における音の配置の重要な特徴のすべてがこれによって説明できるわけではありません。当時の理論書に書かれていることからみるかぎり、旋法とは、終止音と朗唱音とをそなえた単なる音階なのですが、実際には、それだけではなかったようです。たぶん、（とくに中世の早い時期には）それぞれの旋法にその旋法特有の標準的ないくつもの旋律型がそなわっていて、そうした標準的な旋律型をつなぎ合わせることでいろいろな聖歌の旋律が作られていたようです。

各旋法の標準的旋律音型を覚えておけば、そうした構造上のしくみをもった聖歌を記憶することはかなり容易になるでしょう。それは、聖歌を口承で習い伝えていくためにおおいに役立ったにちがいありません。じつのところ、聖歌の伝承における楽譜の役割が増すようになると、標準旋律型の連なりでできた「類型的な」旋律は減少して、一つ一つの旋律の個別性がきわだつようになる傾向がみられます。

ドレミのはじまり：歌唱のための実践的な理論

楽譜を見てすぐに旋律を歌うとき、あるいは、旋律を習うときには、ドレミで歌うのが便利です。この歌い方（「階名唱法」といいます）を発案したのは、グイード・ダレッツォでした。《あなたのしもべたちが》という聖歌の六行の歌詞の各行を歌う旋律の冒頭の音が、それぞれハ音、ニ音、ホ音、ヘ音、ト音、イ音と、順々に二度ずつ高くなっているのをみて、グイードは、それらの音を、そこについている歌詞の言葉の始めの音節(ut、re、mi、fa、sol、la)で呼ぶことにしたのです（後に、ウトはドに置きかえられました）。半音はミとファの間だけなので、これを使うと、旋律のどこを半音の音程で歌えばよいのかがすぐにわかります。

(四) 伝統の尊重と拡張

中世の修道者たちは、聖書や、権威ある古典古代の著作を熟読するとき、その本の行間や余白に、自らの手でたくさんの注解を書き込みました。注解は、もとの本の記述についての読者の解釈と意見の表明です。ときには、前の読者が書いた注解についての注解を後の読者がつけることもあり、また、注解それ自体が一つの独立した新たな書物となることも少なくありません。

伝統を大切な規範として尊重し、敬意をもってそれを敷衍することで自分の見解をひらき示すのが、中世の学問のやり方でした。こうした伝統の尊重と拡張という姿勢は、中世における知的な営みの全体にわたって見られ、とうぜん、音楽も例外ではありません。

聖歌の拡張と典礼劇

九世紀になると、典礼をいっそう精緻で壮麗なものにするために、聖歌の作曲者たちはさかんに、すでに存在する聖歌をもとにしてそれを拡張するようになります。そうした拡張――ひとまとめに「トロープス」と呼ばれます――には、三種類のやり方がありました。

一「歌詞と旋律を加える」　新たな旋律と歌詞を、既存の聖歌の前につける、あるいは途中にはさみ込む。

二「旋律だけを加える」　既存の聖歌の旋律に新たなメリスマをつけ、あるいは、既存のメリスマの音の数をふやして長さを延ばす。

三「歌詞だけを加える」　既存の聖歌のメリスマに(メリスマでは一つの母音を引き延ばして歌っているので、そこには実質的に歌詞の空白があります)、新たな歌詞をつける。

この第三の種類のものは、とくに、「プロースラ」と呼ばれています。全体としては第一の種類のものが多数を占めています。

ところで、復活祭のミサの入祭唱の前につけられた初期のトロープス《だれを捜し求めるのか》には、特異な形の歌詞が見られます。つまり、その歌詞は、天使と三人のマリアとの間のやり取りを対話形式で表しているのです。そして、一〇世紀には、このトロープスはミサから切り離され、小規模な劇として行われるようになりました。教会堂の一角に簡単な舞台装置がすえられ、衣裳を着けた僧たちが登場人物を歌い演じたのです。こうした典礼劇が、ヨーロッパの近代演劇のはじまりになったといわれています。

複数の声：ポリフォニー(多声音楽)の芽吹き

聖歌の拡張には、もう一つ異なったやり方がありました。それは、二人または二手に分かれた合唱で、一つの同じ聖歌を異なった高さで同時にそろって歌うというやり方です。聖歌に重厚な響きを与えるそのやり方は、「オルガヌム」と呼ばれました。

九世紀の理論書『音楽提要(ムシカ・エンキリアーディス)』とそれに伴う『提要解題(スコリア・エンキリアーディス)』(どちらも著者不明)には、一本の旋律を異なった音高(オクターヴ、五度、または四度の音程で隔たった音高)で同時に重ねる例が示されており、それがオルガヌムについての最古の記録になっています。そこに書かれているような、二声部(せいぶ)(四声部のものもあります)が常に同じ音程間隔を保って平行しているオルガヌムのことを、「平行オルガヌム」といいます。それは、その後何世紀にもわたって西洋の音楽を支配することになるポリフォニー(多声音楽)の萌芽(ほうが)なのです。

現存する最古のオルガヌム大曲集は、一一世紀前期の写本、《ウィンチェスター・トロープス集》です。これは、イギリスのウィンチェスターの大聖堂で用いられたもので、さまざまな聖歌につけられた一〇〇以上ものオルガヌムを収めています。このころになると、オルガヌムは、平行進行が主体ではあるものの、聖歌旋律(主声部)の音が動いても下の声部(オルガヌム声部)は動かずに同音をくり返したり、あるいは、反対の動きをとったりさえするようになり、また、旋律の始めと終わりでは両声部が同音(または、オクターヴ)に収束することが普通になります。

そして、アキテーヌ(フランス南西部)のリモージュのサン・マルシャル修道院で一二世紀初めに作られた写本に収められているオルガヌムでは、それまでの声部の上下関係が逆転して、オルガヌム声部が主声部の上方で自由に動き回るようになり、聖歌旋律よりも強く耳の注意をひくようになっています。さらに、そのオルガヌム声部には、いまや下の声部となった主声部の音の一つ一つに複数の音があてがわれているものさえみられます。主声部の一音について一つまたは数個(二～三音)ずつのオルガヌム声部音があてがわれ、両声部がほぼ歩調をそろえて進むオルガヌムの様式は「ディスカントゥス」と呼ばれ、一方、主声部の一音に対してオルガヌム声部の音がたくさん（ときには、五〜一〇もの音が）あるものを「自由オルガヌム」あるいは「メリスマ的オルガヌム」といいます――ここでの「メリスマ」という用語は、歌詞の一音節に多数の音がつくという意味にではなく、聖歌旋律の中の一つの音（音符）に対して上声部でいくつもの音が歌われるという意味で用いられています。

「メリスマ的オルガヌム」では、上声部がたくさんの音を歌う間、その下に置かれた主声部の聖歌旋律の音が一つ一つ長く引き延ばされることになります。そのような下声部（主声部）は、「テノール」（ラテン語の「テネーレ」［保ち続ける］に由来する用語）と呼ばれ、そして、そのテノールに置かれる既存の旋律のことを、「定旋律」といいます。聖歌の旋律は、いまや定旋律として、華やかな上声部の陰にうもれるように存在することになるのですが、それは、目立って聴こえなくとも、曲の背骨であり、中心なのです。

サン・マルシャルでは、こうしたオルガヌムの技法によって、典礼とはかかわりのない宗教的な内容のラテン語の抒情詩を歌詞とする曲も、さかんに作られ始めました。

ノートルダム大聖堂（パリ）の荘厳

鋭く天を指して上昇していくかのような壮麗な装いでそそり立つパリのノートルダム大聖堂は、

ゴシック様式の最もみごとな建築のひとつです。「ゴシック」とは、後のルネサンス時代の人々が、この時代の文化の価値を(不当に)見下して、「ゴート族の(つまり、ゲルマン人の)野蛮な様式」というさげすみの意味合いをこめてつけた呼び名です。

この大聖堂の建築が始まったのは、一二世紀半ばの一一六三年のことでした(完成までには一世紀近くもの長い時間がかかりました)。そのころのノートルダムでさかんに作られ、歌われていたたくさんのオルガヌムが、レオナン[一一六三～九〇頃に活躍:ラテン名ではレオニヌス]という名の作曲者が編んだとされる《オルガヌム大全》に収められて残っています。

一三世紀半ばにパリ大学で学んでいたあるイギリス人の理論家(名前がわからないので、こんにち「無名者 四」と呼ばれています)は、一二六〇年ごろに、この《オルガヌム大全》に触れて、レオナンとその一世代下のペロタン[生没年不詳:ラテン名ではペロティヌス]の二人の作曲者の個人名をあげています。中世における聖歌の作曲は、神への荘厳な捧げものを造る無私の営みであって、作者個人をそこに印すといったこととは無縁の行いだったので、作者の個人名が記録されることは、ごく稀な例外を除けば、ほとんどありませんでした。西洋音楽史上、重要な作曲者個人についてのたしかな情報が得られるのは、これが最初なのです。

それは、「無名者 四」がたまたま書き残してくれたおかげなのですが、いずれにしても、当時何人もいただろう作曲者たちの中で、この二人が際立った存在であったことは間違いのないことでしょう。こんにちまで伝わっている《オルガヌム大全》のいくつもの写本は、原本ではなく、いずれも後の時代に筆写されたもので、それらには、レオナンの曲だけでなく、ペロタンやさらに後の時代の曲も含まれています。

サン・マルシャルのオルガヌムが、しばしば、定型的な典礼以外の典礼のためのものであったのに対して、ノートルダムの《オルガヌム大全》は、厳格に典礼的です。そこにみられる多声的な聖歌では、合唱が声をそろえて歌うモノフォニーの部分と、独唱者たちが歌うポリフォニーの部分の交替が、整然と秩序だって聴こえます。

そしてまた、それらの聖歌は、教会暦上の大祭の順序にそって、年間に用いられる聖歌の完全なセットとして、組織的に整えられています。そこには、一三世紀の大哲学者トマス・アクィナス〔一二二五頃~七四〕の『神学大全』にもみられるような、「体系」を重んじてすべてを組織的に整えて示すという、この時代の精神が強く映っているといえるでしょう。

《オルガヌム大全》の曲では、モノフォニーとポリフォニーの交替だけでなく、ポリフォニー部分の内部にも、二つの異なった様式の交替がみられます。つまり、テノールの引き延ばされた定旋律とその上を素早く自由に動く上声部(この第二声部のことを「ドゥプルム」といいました)から成る部分と、短めのディスカントゥスの部分(この部分を「クラウスラ」と呼びます)が交互に連続して現れるのです。「無名者 四」によれば、ペロタンはディスカントゥスを書くことに秀でていたので、多くのクラウスラを作ったのです。

クラウスラの歌詞は、たいていはほんの数音節(ときには一音節)だけで、音節を引き延ばしてたくさんの音を歌います。つまりそれは、まとまった文章の歌詞をもつ独立した曲ではなく、オルガヌムの中の一部分です。作曲者たちは、既存のオルガヌムのクラウスラ部分を、新たに作曲したクラウスラで置き換えることもしています。ここにもまた、中世の「伝統の尊重と拡張」という姿勢がよく表れています。

一二世紀末から一三世紀の初めごろには、かつて単旋聖歌のメリスマに新たな歌詞をつけてプロースラが作られたのと同じやりかたで、クラウスラのドゥプルムに新たな歌詞をつけて、典礼用ではない独立した曲として仕立てることが始まります。歌詞がついた上声部(ドゥプルム)は、「モテトゥス」――フランス語で「言葉」を意味する mot から派生した用語――と呼ばれ、そうしてできた独立した曲を「モテット」(ラテン語では声部名と同じく「モテトゥス」)といいます。

当時はすでに三声部(ときには四声部)のオルガヌムも作られていたので、モテットも三声部のもの、すなわち、テノールとモテトゥスに加えて第三声部(「トリプルム」)をもつものが標準的になります。このトリプルムには、さらに別の歌詞がつけられ、それによって、三つの声部が同時にまったく異なった歌詞を歌う「多歌詞的」なモテットが生まれました。しかもそれらの歌詞は、声部ごとにラテン語であったりフランス語であったりするので、異なる言語が同時にからみ合うとても複雑なようすになっています。

モテットは、それが典礼から独立した曲になるにつれて、もとのクラウスラとの関連を薄めていきました。一三世紀半ば以後のモテットには、そのテノールの定旋律として、典礼内の他の種類の聖歌旋律や、当時の器楽曲の旋律と思われるもの、あるいは、パリの街の物売りの声を用いたものさえみられます。

モテットは、典礼で用いる聖歌から派生した非典礼的な音楽でしたが、パリでは、もともと典礼とはかかわりのないラテン語の詩(たいていは宗教的な内容のもの)による多声的な曲(「コンドゥクトゥス」)も作られました。サン・マルシャルの非典礼的な曲は、既存の旋律を定旋律に用いていましたが、パリのコンドゥクトゥスでは、テノールも新たに作曲されています。

さて、この時代のパリの音楽(「パリ楽派」とも呼ばれます)のいちじるしい特徴のひとつは、リズムとその記譜法にあります。つまり、一二世紀後期のパリの作曲者たちは、音価(音の長さ)を組織化し、それを楽譜に明記するようになったのです。これは画期的なことでした。

じつは、それ以前の音楽は、単旋聖歌にせよ多声的な曲にせよ、どのようなリズムで歌われていたのかについての記録がないので、よくわからないのです。

現代の私たちが耳にするグレゴリオ聖歌は、たいてい、基本的に同じ長さの一つ一つの音符(おんぷ)が微妙に伸び縮みしながら緩やかに続いていく柔軟なリズム(「自由リズム」といいます)で歌われています。しかしそれは、ずっと後の一九世紀に、フランスのソレム修道院で、当時廃（すた）れて無視されていたグレゴリオ聖歌を復活させる大事業への取り組みが始まったとき、中世の聖歌がそのように歌われていたと解釈したということにすぎません。そして、そのようにして復興されたグレゴリオ聖歌がローマ・カトリック教会の公認を受けたことによって、公式のものとして広まったのです。ですから、中世でもほんとうにそう歌われていたという確証はどこにもないのです。

パリ楽派のリズム組織は、レオナンの時代に輪郭（りんかく）が描（えが）かれはじめ、ペロタンの世代には明確な形をとります。それは、リズムの定型的なパターンの体系で（こんにちそれを「リズム・モード」と呼んでいます）、二種類の音価、すなわち、短い音価（「ブレヴィス」）と長い音価（「ロンガ」）を組み合わせたリズム――現代の記譜法で書けば ♩♪♩♪（つまり、「長‐短」のくり返し）となるようなリズム――を基礎にしています。ぜんぶで六つのリズム定式（モード）があり、それぞれ、「長‐短」、「短‐長」、「長‐短‐短」、「短‐短‐長」、「長‐長」、「短‐短」という組み合わせのリズム単位のくり返しです。こうした組織体系は、ラテン語の古典詩の韻律（いんりつ）の形式に準（なぞら）えて整えられたものです。

これらのリズムは、ネウマ（サン・マルシャル修道院の写本のあたりから、ネウマは四角い音符のような形で書かれるようになっていました）をいくつかまとめてひと組にした形で書き記されました。たいていは二つから四つほどの音符（もっと多い場合もあります）をそのようにひと組にして書いたものを、「リガトゥーラ」といいます。これによって、それまでは音高だけしか表していなかった楽譜に、リズムも示されるようになったのです。

リガトゥーラは、はっきりとリズム定式に則（のっと）ったリズムを示すには十分な方法でした。しかし、モテットの上声部の旋律が自由に動きまわってリズムが多様になっていくと、それに応じて、記譜に新たな工夫が必要になります。

一三世紀の終わり近く（一二八〇年前後から）、主としてフランコ・デ・コローニャ［生没年不詳：ケルンのフランコ］——『定量音楽の技法』を著しました——とペトルス・デ・クルーチェ［一二七〇頃～一三〇〇：フランス名はピエール・ド・ラ・クロワ］という二人の作曲家・音楽理論家によってリズムの記譜法の改革が導かれます。それは、リズム型を示すというリガトゥーラのやり方から抜け出て、個々の音符自体の長さを定量的に決めるという考え方に基づくものでした。つまり、ロンガの長さはブレヴィス三つ分と決められ、ブレヴィスはさらに短い音価（「セミブレヴィス」）に分割されます——ブレヴィス一つ分の中には、四つまたはそれ以上のセミブレヴィスを入れることができます。これによって、書き記すことのできるリズム、言いかえれば作曲に用いることのできるリズムは、リズム定式の枠（わく）の外に踏み出す自由を得ることになったのです。

(五) 教会の外で

中世の音楽は、とうぜん、教会の中だけにあったわけではありません。いろいろな地域で、旅芸人や吟遊詩人(ぎんゆうしじん)が、町から町へ、宮廷から宮廷へと巡(めぐ)って、その土地の言語で歌を作り、歌っていました。

フランスとドイツの吟遊詩人

南フランスでは、「トルバドゥール」と呼ばれる吟遊詩人たちがオック語(プロヴァンス語)で、そして北フランスでは、「トルヴェール」がオイル語(中世フランス語)で、詩を書き、節をつけて、たぶん楽器で同じ旋律を重ねて奏(かな)でながら歌っていました。これらの歌は、基本的に、口頭で伝承されたのですが、当時の熱心な収集者が楽譜に書きとめてくれたおかげで、数千もの詩とともに、かなりの数の旋律が写本に残っています。しかし旋律のリズムは記されていないので、実際にどう歌われたのかについては、こんにちでも学者たちの議論が絶えません。

それらの詩の内容は、たいてい「宮廷風恋愛」――すなわち、騎士(きし)が高い身分の貴族夫人に捧げるけっしてかなうことのない純粋な恋――にまつわるものですが、英雄の行いを語る長篇(ちょうへん)の叙事詩(じょじし)(「シャンソン・ド・ジェスト」)もあります。その代表的な例は、一一世紀後期に作られたと思われる《ロランの歌》で、カール大帝の騎士の英雄的な冒険譚(ぼうけんたん)です。トルバドゥールとトルヴェールが最も活躍したのは、一二～一三世紀です。最初のトルバドゥールだったといわれているアキテーヌ公ギヨーム九世［一〇七一～一一二七］は貴族ですが、最も高名なベルナルト・デ・ヴェンタドルン［一一三〇頃?～一二〇〇頃］をはじめとしてほとんどの吟遊詩人は、高い身分の出というわけではありませんでした。

ドイツの吟遊詩人は、「ミンネジンガー」です。その呼び名――Minne(［宮廷風］恋愛)の-singer(歌い手)――からもわかるように、かれらの歌の内容は、フランスの吟遊詩人たちと似ていますが、なかには、ヴァルター・フォン・デア・フォーゲルヴァイデ［一一七〇頃～一二三〇］作の、十字軍に加わって聖地に立った感動を歌った《パレスチナの歌》といったものもあります。ずっと後の一九世紀のヴァーグナーのオペラによって広く名を知られるようになったタンホイザー［一二三〇頃～八〇］や、ヴォルフラム・フォン・エッシェンバッハ［一一七〇～一二二〇：叙事詩『パルジファル』の作者］は、実在したミンネジンガーです。このミンネジンガーの伝統は、後には、商人や職人が所属する歌い手のギルド(同業組合)――「マイスタージンガー」――として、遠く一八世紀まで受け継がれていくことになります。

イタリアとイベリア半島

イタリアやスペインでも、南フランスの吟遊詩人の伝統が知られていました。イタリアの大詩人ダンテ・アリギエーリ［一二六五～一三二一］の作品の中には、何人かのトルバドゥールの名がでています。しかし、これらの地域の吟遊詩人の詩や歌は、残っていません。

戦争や災害にさいなまれていたイタリアでは、僧を中心とした多くの人たちが、神の怒りを鎮めなければならないと堅く信じ、罪をあがなうための苦行として、自分の体を鞭で打ち、神を称える「ラウダ」を歌いながら、国中を旅してまわりました。

一方、イベリア半島では、北西部のカスティリャとレオンの王で学芸の振興に努めたアルフォンソ一〇世（賢王）［在位一二五二～八四］のために編まれた曲集に、聖母マリアを称える内容のガリシア・ポルトガル語の詩につけた四〇〇曲以上もの「カンティーガ」が遺されています（王自身の作も含まれている可能性があります）。それらの歌では、南フランスの吟遊詩人たちが歌った「宮廷風恋愛」の対象が、貴婦人から聖母マリアに置きかえられているといってもよいかもしれません。

イベリア半島は、八世紀以来長い間イスラム教徒に支配されてきていました。キリスト教徒のレコンキスタ（国土回復運動）の進展で、アルフォンソ一〇世の時代には、イスラム教徒は最南端のグラナダ王国に残るのみでしたが、とはいえ、イベリア半島全体にイスラム文化の影響が深く刻まれたことは疑いありません。しかし、カンティーガにその影響がどれほど具体的に映っているのかについては、明らかではありません。

(六) 中世の黄昏(たそがれ):社会の危機と典雅(てんが)な音楽

一四世紀のヨーロッパは、さまざまな危機に直面しました。世紀前半には長期にわたるひどい冷害と北西部の大洪水が飢餓(きが)をもたらし、世紀半ばには、ペストの大流行で人口の三分の一もが失われ、生き残った人の多くは都市を逃れ出ました。農産物の不作、商業の停滞、そしてほとんど絶え間ない戦乱——特に世紀半ばには百年戦争が始まります——の時代にあって、貧困と重税にあえぐ農民や都市住人の反乱があちこちで起こります。

また、九世紀以来長い間ヨーロッパ全体を統(す)べる存在であったローマ教会の権威も、大きくゆるぎはじめます。すでに一二世紀後半から批判が高まりつつあった教会自体の堕落(だらく)、教皇が推進した十字軍の失敗。さらに、一三〇九年から七〇年近くにもわたって、教皇はアヴィニヨンに移されてフランス王の監視下に置かれることになり(「教皇のバビロン捕囚(ほしゅう)」)、ついに、一三七八年には、ローマとアヴィニヨンに二人の教皇がならび立つ「教会大分裂」(大シスマ)にいたって、教皇の権威は失墜(しっつい)してしまいます。

この時期には、ローマ教会の「全ヨーロッパ的な」権威が弱まるのと並行するように、いくつもの地域で、ラテン語ではなくその土地の言語による世俗的(せぞくてき)な内容の物語——例えば、ダンテの

『神曲』〔一三〇七〕、ボッカチオの『デカメロン』(十日物語)〔一三四八~五三〕、チョーサーの『カンタベリー物語』〔一三八七頃~一四〇〇〕——が書かれるようになります。そして、音楽でも、その土地の言語の詩を歌詞とする曲がさかんに作られるようになります。

それらの歌詞の中には——とくにモテットでは——、当時の社会への辛辣な風刺もみられなくはありません。しかしたいていの曲では、あいかわらず「宮廷のみやび」が詠われ、そしていずれにせよ、その音楽自体は(たとえ痛烈な風刺の詩による曲であっても)、あたかも社会の危機などとは無縁であるかのように、かえって、超然とした典雅なたたずまいを深めています。それは、現実の生活の苦難にたいする一種の逆反応だったのかもしれません。

アルス・ノーヴァ

一三二二年ごろ、『アルス・ノーヴァ』〔「新技法」の意〕という論文が書かれます。それは、主としてリズムの新しい記譜法について論じたもので、著者は、フランスのいくつかの宮廷とアヴィニヨンの教皇庁でも活躍した作曲家・詩人・音楽理論家フィリップ・ド・ヴィトリ〔一二九一~一三六一〕だとされています。この著書の題にちなんで、そのころから一三七〇年代までのフランスの音楽を(ときには、同時代のイタリアの音楽も)「アルス・ノーヴァ」と呼ぶようになりました。

当時の音楽家たちは、その著書に示されているリズム記譜法の「新しさ」をことさら意識していたようですが、じつのところそれは、フランコやペトルスの記譜法を発展させたものにほかなりませんでした。

そこでは、セミブレヴィスよりもさらに細かい音符（ミニマとセミミニマ）が導入され、そして、最も長いロンガからミニマまでの各段階で、音価が三分の一（「完全」分割といいます）あるいは二分の一（「不完全」分割）に短くなっていくように、組織的に整えられています（ロンガのブレヴィスへの関係をモードゥス、ブレヴィスのセミブレヴィスへの関係をテンプス、セミブレヴィスのミニマへの関係をプロラツィオといいます。ただし、セミミニマは常にミニマの二分の一でした）。

これによって、ひじょうに短い音符の長さも合理的に示すことができるようになり、短い音符の活用がいっそう進んで、その結果、モテットの上声部の旋律はますます華やかな動きをみせるようになります。一三一六年ごろに作られた《フォヴェール物語》――政治社会の悪弊を批判する辛辣な風刺物語です――の美しい写本の中にあるモテット（ヴィトリが作曲したと思われるモテットも入っています）は、アルス・ノーヴァの記譜法の初期の例として知られています。

アルス・ノーヴァのモテットのテノールには、目立った特徴があります。つまり、そこには一定のリズム・パターン（それを「タレア」〔「切片」の意〕といいます）のくり返しがあって、そのパターンは、リズム・モードの定式にはまらないずっと長いものになっています。そして、このタレアの反復に乗って、定旋律（その旋律の音の並びのことを「コロル」〔「色」の意〕といいます）が、少なくとも一度はくり返されます。

このように、テノールがタレアとコロルの反復の組み合わせでできているモテットを、「アイソリズム・モテット」と呼んでいます(「アイソリズム」〔「同一のリズム」の意〕は、中世のこうした音楽構造を指すために二〇世紀になってから作られた用語です)。タレアは上声部にもしばしば現れて、こうした反復的な構造が、曲全体に音楽的な一貫性を与えています。

アルス・ノーヴァの最も有名な作曲家は、ギヨーム・ド・マショー〔一三〇〇頃〜七七〕でしょう。彼の数多くの作品が、作曲者自身が慎重に監修して作成させた写本に遺されています。このころから、作曲者たちは、曲に積極的に自分の名前を記すようになりますが、例えばヴィトリは、そうしたことにあまり関心を払っていなかったようです。こんにち、ヴィトリよりもマショーの作品がよく知られているのには、そんな事情がかかわっているかもしれません。

ヴィトリやマショーのいくつかのアイソリズム・モテットでは、テノールと同じ音域でからみ合うもう一つの声部(「コントラテノール」)が加えられて、全体で四声部の曲になっています。そしてマショーは、この四声部のアイソリズム・モテットと同じ技法を用いて、一三六〇年代初めごろに、ミサ通常文の全体に曲をつけて、《聖母のミサ》を作りました(曲中、「グローリア」と「クレド」はディスカントゥス様式で作られていますが、他はすべてアイソリズムによっています)。これは、一人の作曲家がミサ通常文全体を作曲するいわゆる「ミサ曲」の最初の例です。

マショーは聖職者でしたが、宮廷に仕え、トルヴェールの伝統を受けて多くの世俗的な詩を書き、それに作曲しています。それらは、吟遊詩人ののびやかな歌にくらべると、形式の堅い鋳型に収まっていて、技巧的な洗練が目立ちます。単旋律の曲もありますが、代表的なのは、多声的な「バラード」、「ヴィルレ」、「ロンドー」といった種類の曲です。

これらは、詩の形式であると同時に、音楽の形式でもあります。つまり、それぞれの詩形式は、特徴的な韻と反復句を含む詩行配置の一定のパターンをもっていて（それらを「固定形式」といいます）、音楽もその詩形式に厳密にしたがってつけられています。固定形式の音楽は、詩（歌詞）に強く規定されているわけですが、それは詩の形式によってであって、内容によってではありません。聖歌の場合と同じように、ここでも音楽は――たとえそれがどれほど華麗なものであっても――「言葉の乗りもの」なのであって、意味を映し表してはいないのです。

アルス・ノーヴァが拓いた多様なリズムの可能性の探求は、音楽のいっそうの精緻化を導きました。一四世紀末に、ボード・コルディエ〔一三三五頃～九七〕をはじめとする何人かの作曲家のいくつかの曲では、極端に手の込んだ複雑なリズム――その複雑さに匹敵するものは、その後、二〇世紀の前衛音楽までみあたりません――が用いられ、その楽譜も、絵画のように入念に仕立て上げられています。このように精緻化された瀟洒な音楽は、極めて洗練された耳をもつ人たちの楽しみとして作られたものなのでしょう。

ところで、一四世紀には、イタリアにもフランスのアルス・ノーヴァと並行した音楽傾向がみられました。ヴィトリに数年先だって、イタリアのマルケット・ダ・パドヴァ［生没年不詳］が、新しいリズム記譜法を考案します。そして、高名なフランチェスコ・ランディーニ［一三二五頃～九七］をはじめとして、ヤコポ・ダ・ボローニャ［一三四〇～六〇に活躍］、ロレンツォ・ダ・フィレンツェ［一三七二または七三没］といった作曲家たちが書いた、きまった形式による曲——「バッラータ」、「マドリガーレ」——や、「カッチャ」（狩の情景を描写的にうたった詩をもち、二つの上声部が輪唱のようなカノンになっているのが特徴です）などが、数多く遺されています。

こうしたイタリアの音楽は、精緻な技巧に満ちたフランスの音楽にくらべると自由闊達で、あまり技巧に走らず、アイソリズムも見られません。

さて、古代末期の大教父アウグスティヌス［三五四～四三〇：『音楽論』も著しています］は、中世の前夜に、有名な著書『告白』の中で、聖なる言葉が歌われることで「精神がより熱烈に動かされて、敬虔の炎に燃え立つ」が、その一方で、音楽の感覚的な喜びが「快楽の危険」をもたらす、と悩ましげに語っています。

中世の聖歌は、神への祈りの言葉として始まったわけですが、やがてその旋律に壮麗な装飾が加えられていき、ついには、中心であるはずの聖歌旋律と聖句が、華やかに施された精緻な装飾の陰に隠れてしまうようになります（アルス・ノーヴァの時代の教皇の一人であるヨハネス二二世［在位一三一六〜三四］は、実際に、その勅書のなかで、聖務日課の祈りにとって「細かい音は妨げである」と批判しています）。

音楽はいまや、「神に向けての祈りの言葉」から、「人間の耳にとって美しく響くもの」へと、その姿を変えていったのです。

第２章

言葉を収める音の伽藍（がらん）—— ルネサンス

（15 世紀～ 16 世紀）

合唱を率いるヨハネス・オケヘム（当時まだめずらしかった眼鏡をかけています）

一四〇〇年を少し過ぎたころから、ヨーロッパに新たな時代が到来します。イタリア半島を中心に、フィレンツェやヴェネツィアをはじめとしていくつもの都市が、貿易、金融、手工芸、工業などによって豊かな富を蓄えます。そして、そうした都市の支配者たちは、学問や芸術をさかんに奨励しました。高度な学芸が、都市の権威と威厳を高めると考えたからです。各地から集められた優れた学者や芸術家が雇われ、そこに洗練された華麗な文化が花開きます。

こうした都市の市民たちは、中世の人々とは異なったものの見方と価値観をもつようになりました。神の摂理と意志——伝統的な権威（教会）がそうであると説くもの——に従ってひたすらそれに身を委ねるのではなく、神への深い信仰を保ちつつも、人間の尊厳を意識し、自ら知識を求め、自らの眼で観察し、自らの力で理解し、自ら何かを為すことが大切だ。人々は、そう感じはじめたのです。

そしてそれは、中世以前の古典古代に強い関心を抱くことでもありました。なぜなら、古代ギリシアでも、人間の眼で事実を見究め、理性によって世界を解明して理解しようとしていたからです。新たな意識をもつ学者や芸術家にとって、古代ギリシアの学芸は、倣うべき模範になったのです。後世の歴史家が、この時代を「ルネサンス」［フランス語で「再び生まれる」の意］と呼ぶようになったのは、そこに古典古代の学芸の精神の復興を見たからです。

古代ギリシアの書物は、ごく限られたものだけ（例えば、アリストテレスの著作など）が、ラテン語訳を介して中世ヨーロッパにも知られていました。しかし、一四世紀末ごろから少しずつ、とくに一四五三年にビザンツ（東ローマ）帝国の首都であったコンスタンティノープル（現在のイスタンブール）がオスマン帝国の手に落ちると、その地域に保存されていたたくさんの古代文献が一気に西に運ばれて読まれるようになり、ヨーロッパに古典古代についての知識と関心が急激に広まります。

音楽家たちも、とうぜん、この新たな思潮に大きな影響を受けます。しかし、古代ギリシアの音楽について得られる情報は、依然として、ひじょうに限られたものでしかありませんでした。文学は書物で読むことができ、建築や彫像ならば遺跡で直接眼にすることもできますが、録音技術などない時代に、音楽の響きが時を超えて残ることなどあるはずもありません。古の音楽がどのようなものであったのかは、文献にある断片的で間接的な記述から垣間見て想像する以外になく、したがって、古代ギリシアの音楽を実際に真似ることなどできなかったのです。

音楽史では、一四二〇年ごろから一六〇〇年ごろまでの二〇〇年間近くを「ルネサンス時代」と呼んでいるのですが、興味深いことに、この時代全体を通じて、当時の音楽家たちは、彼らが想像していた古代ギリシアの音楽に大きな負い目を感じていたようです。一五世紀末にイタリアで活動したスペイン出身の作曲家・理論家バルトロメ・ラモス(・デ・パレハ)〔一四四〇頃〜九一頃〕は、次のように述べています。

「〔古代ギリシアの音楽には〕疑いなく、人間の魂に強く働きかけてそれを鎮めたり励起したりする偉大な力があった。私たちの時代の音楽には、そのような超自然的な働きはほとんどない……」(『実践的音楽』)

とはいえその一方で、ルネサンス時代の人々が、自らの時代の音楽について、中世の音楽よりもはるかに優れているという強い自信をもっていたこともたしかです。フランドル出身の高名な作曲家・理論家ヨハネス・ティンクトリス〔一四三五〜一五一一〕は、一四七七年の著作で、

「このところの四〇年間に作曲された音楽でなければ、肥えた耳にとって聴く価値のある音楽など一曲もない」(『対位法の書』)

と、誇らしげに断言しています。

(一) 美しい音の建築物

ラモスは、自らの時代の音楽が人の心(つまり、感情)をゆり動かさないと言っているわけですが、

彼のその嘆きから、かえって、ルネサンス音楽の特質が見えてきます。つまり、ルネサンスの音楽は、人間の感情を音によって表現して伝えようとするものではなかったということです。中世の音楽が、聖句を乗せて運ぶ乗りものであったとすれば、ルネサンス音楽は、言葉（歌詞）を収める建築物のようなものだったといってよいでしょう。

ルネサンス文化を象徴する都市フィレンツェの中心にそびえ立っている、建築家ブルネッレスキ［一三七七～一四四六］が新たな叡智を注いで設計した大聖堂のみごとなクーポラ（大円蓋）のように、当時の音楽もまた、作曲家たちがその知性と感性と技術を傾けて入念に設計して作り上げた、音の構造物なのです。建築は、人が居住したり活動したりする空間ですが、そうした利用価値から独立して、建物それ自体として鑑賞することができます。

それと同じように、ルネサンスの音楽——とくにミサ曲やモテット——は、特定の言葉（歌詞）との結びつきを離れて聴いていても、自律的な組織構造をもった抽象的な音の美しい構造物として成り立っていて、私たちに豊かな音楽体験を与えてくれます。

イギリスの甘美な響き

ティンクトリスは、新たな音楽様式の起源がイギリスに——とくに、ジョン・ダンスタブル［一三九〇頃～一四五三］に——あるとし、そこから、フランスのジル・バンショワ［一四〇〇～六〇］とギヨーム・デュファイ［一三九七頃～一四七四］へ、そしてさらに、ヨハネス・オケヘム［一四二〇頃～九七］、ヨハネス・レジス［一四三〇頃～八五頃］やアントワーヌ・ビュノワ［一四三〇頃～九二］といった、ブルゴーニュ（現在のフランス東部とベルギーなどにまたがる地域にあったブルゴーニュ公国）の、彼と同時代の作曲家たちへとたどっています。ダンスタブルについては詳しいことはわかっていないのですが、どうやら、百年戦争でフランスのイギリス軍支配地防衛の任にあったベッドフォード公（ジョン・オブ・ランカスター）に仕えていたようです。もしそうであれば、ブルゴーニュの作曲家たちが彼の音楽から影響を受けたのもけっして不思議ではありません。

　イギリスの音楽からもたらされた新たな特徴は、「響き」にあります。ポリフォニー音楽の作曲では、複数の旋律（声部）を組み合わせるにあたって、各瞬間に諸声部間に生じる音程（つまり、「縦の響き」）に慎重な配慮を払います（そのような作曲技法を「対位法」といいます）。実際には不協和な音程も多く使われるのですが、しかし、基準になるのはあくまでも協和音程でした。そして、当時の伝統的な音律（音階内の各音の高さの決め方）――中世が古代から継承して権威化した「ピュタゴラス音律」――では、協和音程はオクターヴ、五度、四度でした。

　音は、物理学的には空気の振動であって、その高さは振動数で決まるのですが、二つの異なる音の高さの振動数の関係が単純な比で表され得るとき、それら二音間の音程が「協和」であるとされています（こうした考え方は、基本的には現代まで受け継がれています）。オクターヴの振動数比は二：一、五度は三：二、四度は四：三です。こんにちの私たちがなじんでいる音楽での「縦の響き」（つまり、「ドミソ」や「ソシレ」といったような和音）の基本になっている三度音程は、ピュタゴラス音律では複雑な比（長三度は八一：六四、短三度は三二：二七）になり、不協和で、耳障（みみざわ）りな音程とされていました。しかしイギリスでは、ピュタゴラス音律にはまらない、耳に心地よい三度音程（ティンクトリスはそれを「甘美な」響きと言っています）が用いられていました。そして、ダンスタブルの音楽を通じてその「協和的な」三度音程がヨーロッパの大陸に伝わると、作曲家たちはすぐにそれを受けいれて多用するようになり、それが新時代の音楽を特徴づける響きになったのです。

　こうした三度音程について、ラモスは、耳で聴けば、八一：六四は八〇：六四（＝五：四）と、三二：二七は三〇：二五（＝六：五）と区別できないだろうと言って、協和的な三度と伝統的な考え方とを強引に調停しようと試みていますが、いずれにせよ、こうした「甘美な」響きの積極的な使用とその正当化には、伝統的な権威よりも経験的な感覚を大切にして判断するという、ルネサンスの人間主義的な意識が強く映っています。

　一四三〇年ごろから大いに流行した「フォーブルドン」［フランス語で「いつわりの低音」の意］という音楽の作り方は、この新しい響きへの好みの象徴ともいえるでしょう。例えばデュファイは、この作り方によって、聖務日課（せいむにっか）のための曲を二四も作曲しています。そうした曲の楽譜には、上声部の旋律と、ほぼいつもその六度下を平行に進行するテノールの二つの声部が記されています。そして、楽譜の余白に、文字で、「fauxbourdon（フォーブルドン）」と書かれています。それは、実際の演奏にあたっては、楽譜に書かれている二つの声部の間に、上声部を四度下で平行になぞる第三の声部を加えて歌うことを意味しています――例えば、上声部の音がド、テノールがその六度下のミで、第三の付加声部がドの四度下のソ（つまり、上のドと下のミの間のソ）を歌えば、その結果として、実質的にそこに現代の私たちになじみのドミソの和音（三度音程の積み重ねから成る三和音）の響きが生じます。

つまり、フォーブルドン様式の曲は、その大部分が、いわば、三和音的な響きの連続に聴こえるのです――ただし、当時の人々は、音楽の流れの中の各時点で諸声部の組み合わせから生じる「縦の響き」を、ひとまとまりの「和音」としてとらえていたわけではありません。「和音」というとらえ方（聴き方）、考え方は、次の時代のものでしかないのです。

音の構成を統（す）べる理性

デュファイは、一四三六年のフィレンツェの大聖堂の献堂式（けんどうしき）のために、モテット《バラの花は新しく》を作曲しました。新しい響きにあふれたこの曲は、全体としてはアイソリズム・モテットの形で書かれています。教皇によって執（と）り行われる威厳に満ちた献堂式には、むしろ伝統的な旧い形式こそがふさわしかったのでしょう。外観は保守的であっても、この音楽には、ルネサンスの作曲家たちの新たな関心、すなわち、精密な秩序によって曲を形付けようという姿勢が、はっきりと読みとれます。

　四声部でできているこの曲の下の二声部はどちらもテノールで、定旋律をカノンで歌います。この二重のテノール、二重の定旋律は、ブルネッレスキがクーポラの設計に採用した斬新な二重殻構造を象徴しているようです。華やかな動きに満ちて終始変化し続けていく二つの上声部の下で、単旋聖歌を長く引き延ばしたこの定旋律が、音の長さの縮尺を変えて四回くり返されます。

　ルネサンスの音楽における基本的な拍の単位（「タクトゥス」と呼ばれ、常に一定に、心臓の鼓動の速さ——一分間にほぼ六〇〜七〇——で刻まれ、音符ではセミブレヴィスの長さで表されます）で数えると、定旋律の反復ごとの音の長さの縮尺は、六：四：二：三になっています。この比率は、旧約聖書に書かれているエルサレムのソロモン王の寺院——神学者たちは、長い間、それを教会建築の原型と考えてきました——の建築上の比率、すなわち、「建物全体の長さ（六）：身廊の長さ（四）：建物の幅と内陣の長さ（二）：建物の高さ（三）」なのです。そして、フィレンツェの大聖堂も、それに即して造られています。つまり、デュファイは、この大聖堂の建築構造上の比率を、音楽の構造に正確に映しているのです。

　また、この曲の構造には、四と七という「数」による支配が見られます。歌詞は四つの詩節から成り(それは定旋律の四回の反復に対応しています)、各詩節は七行です。そして、定旋律は、楽譜上ではブレヴィス二八個分の長さです(演奏されたときのブレヴィスの実際の長さは、縮尺によって異なってきます)。二八という数は、四と七の積であり、そして、完全数でもあります。

ルネサンスの作曲家たちは、とくに重厚な宗教曲で、手の込んだやり方で音の自律的な構成を作り上げました。もう一つだけ別の例として、オケヘムの《ミサ・プロラツィオヌム》［「種々の比率によるミサ曲」とでも訳せばよいでしょうか］をあげておきましょう。この長大なミサ曲は、全体が厳格なカノンでできていて、しかもその多くの部分では、二つの二声部のカノンが同時に組み合わされています。その構造はきわめて複雑で——完全テンプスと不完全テンプスが同時に組み合わされ、さらにそれらに異なったプロラツィオが適用されています(アルス・ノーヴァのヴィトリの記譜法の理論を想い出してください)——、そのために、聴いただけでカノンのしくみを認識することはほとんどできません。

デュファイの《バラの花は新しく》やオケヘムのミサ曲にみられるこうした数的組織や規則的な秩序［「カノン」の語源は「規則」を意味するギリシア語です］は、いわば、人間の理性の業(わざ)であり、喩(たと)えて言えば、科学者が(理性によって)自然の事象の成り立ちを解き明かすことでそこに見出す組織や法則と同じような性質のものであって、耳に美しく訴えるその音楽の「秘められた」構造組織なのです。それは、この時代に芽生えた「人間理性への信頼」を象徴しているといえるでしよう。

循環ミサ曲

ルネサンスの多くのミサ曲には、他にもいろいろな種類の音楽構造上のしかけがみられます。イギリスのレオネル・パワー［一四四五没］やダンスタブルは、ミサ曲の諸楽章をすべて同じ一つの定旋律に基づいて作曲しはじめました。それによって、楽章間の音楽構造上の統合が生まれ、ミサ曲は、五楽章から成る「一つの曲」という性格を強めることになります。

また、定旋律のある曲であれない曲であれ、最初の楽章の冒頭で上声部で歌われる特徴的な旋律（「冒頭動機」）を、一つの楽章の中のいくつかの部分のはじめや、あるいは、いくつもの楽章のはじまりの部分でくり返し用いることで、ミサ曲全体の音楽的統合性を高める技法も広まります。この技法は、ダンスタブルよりもさらに年長の、イタリアで活躍したフランドル出身の作曲家ヨハネス・チコニア［一三三五頃〜一四一一］が書いたミサの楽章でも既に見られます。

「秘められた」構造組織の場合とはちがって、耳で明瞭にとらえうるこれらのしくみによって諸楽章間の音楽的統合を図っているミサ曲のことを、こんにち、「循環ミサ曲」と呼んでいます（ここでいう「循環」とは、つまり、諸楽章が何らかのしかたで同じ主題をめぐって作られているという意味です）。循環ミサ曲の技法は、デュファイの世代で一五世紀半ばに確立されたようです。

「循環ミサ曲」にせよ、「秘められた」組織にせよ、そこでの音楽構造は、言葉(歌詞)の意味内容とはかかわりがありません。言葉を収める音の建造物は、建築のように、その内容(すなわち、歌詞)から独立した、自律的な組織構造で作られているのです。

聖と俗

デュファイが一四五〇年ごろに作曲した《ミサ曲「私の顔が蒼ざめているのは」》には、際立った特徴があります。定旋律に、彼自身がその一〇年ほど前に書いたバラード——「私の顔が蒼ざめているのは、恋のせい……」と、かなわぬ恋心を歌っています——のテノール旋律を使っているのです。つまり、教会の典礼で用いられるミサ曲でありながら、世俗曲の旋律を基礎にして作られているのです。

このデュファイの例を皮切りに、ルネサンス期全体にわたって、多くの作曲家たちが、さまざまな世俗曲の旋律を用いたたくさんのミサ曲を書きました。とくに、《戦士》という歌の旋律は、それを使って二十数人もの作曲家たちがミサ曲を作っています。世俗的な歌の旋律も、歌詞をつけ替えてしまえば、厳かな宗教曲に用いられうる。音楽を聖と俗とに分けているのは、歌詞の内容なのであって、旋律自体は、その内容(歌詞)次第でどちらにもなりうるような抽象的な音の構造物なのです。

デュファイやオケヘムが拓(ひら)いた音楽様式は、一五世紀末から一六世紀初めにかけてイタリアの諸都市で、そして、ヨーロッパ各地の宮廷で活躍したフランドル出身の多くの作曲家たちに受け継がれて（「フランドル楽派」とも呼ばれます。フランドルは、こんにちのフランス北東部と、ベルギー、オランダにまたがる地域です）、盛期ルネサンスのポリフォニー音楽が華麗に花開きます。

この時期の代表的な作曲家として、ヤコブ・オブレヒト［一四五〇～一五〇五］、ジョスカン・デ・プレ［一四四〇頃～一五二一］、ハインリヒ・イザーク［一四五〇頃～一五一七］の名がよく知られていますが、なかでもジョスカンは、当時、その音楽はすべての規範となる「完璧(かんぺき)な技」であると称(たた)えられた大家でした。

ジョスカンは、他の作曲家たちと同じように、さまざまな技法によるミサ曲を作曲しました。オケヘムのように、カノンを多用したミサ曲（《フーガによるミサ曲》）を書き、そして、《ミサ曲「戦士」》だけでなく、他の世俗曲を定旋律にした作曲もして（もちろん、聖歌を定旋律とするミサ曲も作っています）、さらに、一五世紀半ば以降に大きな流行となるいわゆる「パラフレーズ・ミサ曲」と「パロディー・ミサ曲」の技法による曲も遺(のこ)しています。

「パラフレーズ・ミサ曲」とは、一つの既存(きぞん)の旋律を定旋律として一声部だけに用いるのではなく、その旋律から導き出した旋律材料をすべての声部で活用して作曲するという技法によるミサ曲です。ジョスカンが晩年に作曲した彼の最後のミサ曲、《ミサ曲「歌え、舌よ」》は、同名の聖歌の旋律を使って、そうした技法によって書かれています。

一方、「パロディー・ミサ曲」は、一本の旋律ではなく、既存のポリフォニー曲の全声部をそっくり取り込んで新たな曲にするという作曲技法によるミサ曲です（この場合の「パロディー」という用語には、風刺や滑稽な意味合いはまったくありません）。この技法で書かれた最初のミサ曲は、ジョスカンが、同時代の作曲家アントワーヌ・ブリュメル［一四六〇頃～一五一五頃］の三声部のモテットをもとにして作曲した《ミサ曲「御父の母」》であるといわれています。

ところで、ミサ曲の題名は、その曲の材料となった原曲の名前を示しています。いろいろな作曲家のミサ曲にときおりみられる《無名のミサ曲》は、曲の材料が既存の曲ではない（つまり、新たに作られた材料）ということなのでしょう。

宗教曲も世俗曲も、どちらもパロディー・ミサ曲の材料に使われましたが、それは逆にいえば、それらの音楽様式が似たものであったということの間接的な証です。ミサ曲やモテットを書いた同じ作曲家たちが、ほとんど皆、多くの世俗曲も作曲しました――バンショワのように、とくに「シャンソン」［フランス語で「歌」の意］の作曲家として知られていた人もいます。「シャンソン」は、フランス語（宮廷での社交で使われた言語）の歌詞をもつ、たいていは三声部の対位法的な曲で、一五世紀初期の曲では、最上声部だけに歌詞がついているものがよく見うけられます（下声部は楽器で奏されたのかもしれません）。

武器をあやつる腕だけでなく、音楽の技量をもつということが、当時の理想とされる宮廷人の姿でした。かれらは、教会や宮廷礼拝堂での立派な典礼で演奏されるミサ曲やモテットを愛(め)でる洗練された耳をもち、そして、宮廷の生活の中でシャンソンを楽しみ、自らそれを奏(かな)でもしたでしょう。つまり、そうした宗教曲と世俗曲は、どちらも同じ人々が享受(きょうじゅ)した音楽だったわけですから、それらが様式的に似ていたとしても不思議ではありません。

また、ドイツ語圏(けん)では、同様のポリフォニー技法によって、ドイツ語の世俗的な歌詞をもつ「リート」［ドイツ語で「歌」の意］がさかんに書かれました。オーストリアのヴィーンとインスブルックで神聖ローマ帝国皇帝のマクシミリアン一世［在位一四九三〜一五一九］の宮廷で活躍したイザークの《インスブルックよ、さようなら》はとてもよく知られているリートの一つですが、彼をはじめとして、パウル・ホーフハイマー［一四五九〜一五三七］、ルートヴィヒ・ゼンフル［一四八六頃〜一五四二または四三］といった作曲家たちも、多くのリートを遺しています。

さて、そうしたいろいろな種類の世俗曲の中でも、一五二〇年代末から三〇年代にかけてパリで大流行したシャンソン――クロダン・ド・セルミジ［一四九〇頃〜一五六二］やクレマン・ジャヌカン［一四八五頃〜一五六〇頃］といった作曲家に代表される、いわゆる、パリ派のシャンソン――は、フランドル出身の作曲家たちの手の込んだポリフォニーとは異なって、全声部が単純なリズムでそろって歌うような簡明な様式をみせています。そして、ジャヌカンの《戦争》や《鳥の歌》をはじめとする何曲ものシャンソンは、擬音語や擬態語を歌詞として、音楽による情景や自然の描写を行っているという点で、異彩を放っています。

また、一六世紀後期になると、イタリアを中心に世俗曲の独特な音楽様式が発展するのですが、それについてはもう少し後に改めてお話しすることにします。

均衡と調和

この時代に、ミサ曲やモテットは、四声部のポリフォニーで書かれるのが標準的になりました(もちろん、三声部のものも、あるいは、五声部以上の曲もあります)。かつてのマショーの曲において、テノール声部と同じ音域で上下にからみ合うように動いていたコントラテノール声部は、いわば二手に分かれて、テノールのすぐ上の音域を歌う(つまり、かつてのモテトゥス声部の位置に当たります)コントラテノール・アルトゥス[アルトゥスは「高い」の意]と、テノールよりも低い音域を占めるコントラテノール・バッスス[バッススは「低い」の意]になりました(これは、こんにちの私たちになじみの「ソプラノ、アルト、テノール、バス」の声部構成と実質的に同じです)。

そしてそこでは、注目すべきことに、すべての声部がたがいに対等な関係にあるのです。それまでのポリフォニーは、中心となる旋律を歌う声部のまわりに他の声部を付加することで作られていましたが、いまや、すべての声部が音楽的に同等な意味合いをもっています。つまり、ポリフォニー(多声音楽)は、もはや主旋律とその装飾ではなく、文字通り、いくつもの独立した歌(声)が同時に調和的に組み合わされた音楽へと姿を変えたのです。

パラフレーズ・ミサ曲の技法、そして、ジョスカンの世代からさかんに用いられるようになるいわゆる「模倣技法」——いくつかの声部が順次にずれて歌い始めるとき、最初の声部のフレーズの歌いだしの特徴的な旋律を、後から入る他の声部がそっくり真似て歌いだす(模倣する)ようにする音楽書法——は、各声部の対等な独立性と、それらの諸声部の調和を強めるものです。

つまり、これらの技法によって、各声部に重要な材料が配分されることで、それぞれの声部が音楽的に対等な意味をもち、それと同時に、諸声部がたがいに共通の材料で深く結ばれて一つの全体として調和していることが、いっそうはっきり示されるわけです。

各声部の歌は、旋法を異にしていて、基本的に、それぞれの旋法の音組織と音域の中で動いています(それは、原則的には、中世以来の八旋法のどれかに基づいたものではあるのですが、ジョスカンの世代の理論家たち、例えばグラレアヌスは、一二種類の旋法を主張しています)。

各声部の歌は、また、リズムも同じではありません。それぞれが、柔軟に伸び縮みする変化に富んだ流麗なリズムをもっています。いくつもの異なったリズムの流れを混乱なく同時に組み合わせることが可能なのは、統一された均一なタクトゥス(基本拍)のおかげでさまざまな長さの音符を正確に量って歌うことができたからです。

このような歌の織り合わせは、それがどれほど複雑精緻(せいち)でみごとなものであったとしても、ただうねうねとどこまでも流れ続いていくばかりであれば、とりとめのないものになってしまいます。そこで重要な役割を果たすのが、音楽の流れに段落を与える区切り、すなわち、「終止」です(前に述べたように、曲の終わりだけでなく、途中の区切りも「終止」と呼ばれます)。建築で壁や柱が空間を区切るように、音楽の時間は「終止」によって区切られて、形付けられるのです。そしてじつのところ、音楽の段落の位置は、歌詞の段落に対応しています。

「終止」では、新たに独立して自由な動きを獲得したコントラテノール・バッスス(すなわち、バス声部)が、大いにその力を発揮します。とくにジョスカンの世代以降、「終止にふさわしいバスの動き」、つまり、四度上行(または、五度下行)して終止の響きに収まるというバス声部進行が、次第に多くみられるようになっていきます。

また、上声部では、終止音に向かって二度上行して収まろうとする音に臨時記号のシャープを付けて(こうした臨時記号は楽譜には書かれていません)、半音上げて高く歌うことで、終止音への進行の方向性や期待感を高める歌い方がされます。

楽譜と演奏

「終止」以外のところでも、楽譜に書かれていない臨時記号(♯(シャープ)や♭(フラット))を付けて、半音上げたり下げたりの修正をして歌わなければならない場合があります。そうした臨時記号の音は、「ムシカ・フィクタ」［「仮想の音」の意。通常の音階にはない音なので、そう名付けられました］と呼ばれます。これは、じつは、中世から受け継がれた伝統的な演奏法の延長上にあるものです。つまり、旋律の輪郭を成す音程が楽譜上で三全音（全音三つ分の音程、すなわち、増四度音程。これは忌避されるべき音程でした）になってしまう場合、その音程を修正するために、上方の音にフラットを付けて半音下げて歌っていたのです。

ポリフォニーでは、声部の間の音程が三全音になったり、あるいは、半音でぶつかることを避けるために、ムシカ・フィクタが適用されました。ムシカ・フィクタは、歌手の判断で行われていたもので、その運用の実際については、現代の学者たちの懸命な研究によってもまだわからない点が多く残っています。いずれにしても、ルネサンス時代の歌手にとって、ムシカ・フィクタの的確な扱い方に習熟することがひじょうに大切であったことはまちがいありません。

ところで、当時の楽譜は、各声部が別々に書かれていて、全声部を同じページに書き記したスコア（総譜）というものはありません（作曲する場合にも、基本的には、全声部をまとめた楽譜は書きませんでした）。声部別の楽譜からは、曲の全貌は容易には読み取れません。各声部の歌い手は、実際に歌ってみて初めて、自らが声に発した歌が他の声の別の歌と空間で出合い、響き合い、調和して、そこに壮大な歌の織物、あるいは音の建築が現れるのを聴くことになるのです。

(二) 印刷楽譜の登場

グーテンベルクが活版(かっぱん)印刷によって最初の本を刷(す)ったのは一四五〇年代の半ばでしたが、楽譜の印刷が始まるのは少し後のことです。というのも、楽譜印刷には、譜線と音符と文字(歌詞)を同じ一枚の紙の上に一緒に刷るという、技術上の困難があったからです。

ヴェネツィアの出版者オッタヴィアーノ・ペトルッチ〔一四六六～一五三九〕は、その問題を、三回の重ね刷りという方法で克服(こくふく)して、一五〇一年に、最初の印刷楽譜集《調和楽の歌百曲 A》〔「調和楽」は、ここでは「ポリフォニー」を意味しています〕を出版します。そこに収められている曲(九六曲です)のほとんどは、フランドル出身の作曲家たちのシャンソンです。当時、イタリアでも、そうしたフランス語の歌詞の曲の人気が高かったのでしょう。そして、一五〇二年には、ジョスカンのミサ曲集第一巻と、最初のモテット集――いろいろな作曲家の曲を収めたその曲集の冒頭を飾っているのはやはりジョスカンの《アヴェ・マリア》〔「めでたしマリア」の意〕です――を出版しています(ジョスカンが当時どれほど高名であったかは、このことからも明らかでしょう)。

ペトルッチは、音楽家や音楽愛好家の好みを敏感に察知して、世俗曲・宗教曲を問わず、売れ行きのよさそうな曲集を、次々と、数十冊も出版していきます。彼の出版のおかげで、多くの人たちが楽譜を手にできるようになったのです。

一五二八年には、パリのピエール・アテニャン〔一四九四頃～一五五二〕が、版面は見劣りするものの、より速くできて安価な一回刷りの技術で楽譜を出版しはじめます。パリ派のシャンソンの大流行は、彼が二〇〇〇曲近くも出版したおかげでもあったでしょう。アテニャンが使った技術は、それ以後も一八世紀になるまで、二〇〇年近くにわたって用いられ続けます。とはいえ、楽譜を筆写する伝統が廃れてしまうわけではありません。ときには、印刷よりも筆写の方が安あがりだったのです。

（三）宗教改革と音楽

一六世紀初めごろのローマ教皇たちは、聖職者とはいえ、世俗の君主のような栄華と権力の誇示を求めてやまなかったようです。とくにフィレンツェに華麗な繁栄とルネサンス芸術の贅をもたらしたメディチ家出身の教皇の下で、その傾向は頂点に達します。そして、全キリスト教世界の中心であるローマのサン・ピエトロ大聖堂をさらに豪華に建てかえるための資金集めとして、「免罪符」が販売されました――それを買いさえすればすべての罪が許されるというわけです。

大聖堂の建てかえ工事が、当時の最も高名な画家ラファエロの指導の下ではじまっていた一五一七年、ドイツ中東部の町ヴィッテンベルクにも免罪符売りがやってきます。そのとき、その地の大学で神学を教え、司祭でもあったマルティン・ルターは、罪を金銭であがなうことを過ちとして告発する「九五か条の意見書」を教会の扉に打ち付けました。これをきっかけに、いわゆる「宗教改革」が始まり、それによってやがてキリスト教世界は、旧教(カトリック)と新教(プロテスタント)とに大きく二分されることになります。

ローマ教会の堕落と腐敗に対する批判は、以前にもなんどもあって、そのたびに圧殺されてきたのですが、この時代になって、活版印刷技術によってルターやその支持者の主張が広まることで、その抗議は旧来の権力が抑え込むことのできない大きな力をもつようになったのです(ルターの著書は、四年ほどの間に三〇万冊も売れたといわれています)。

プロテスタントの立場の核心には、教会の伝統や教皇といった権威によらずに、信仰の原点にかえり、一人一人が自らの祈りをつうじて神と直に接するべきであり、そして、聖書のみが神の言葉である、という考えがあります。その考えにしたがって、礼拝式のやり方が改められ、また、ルター自身の手によって、新約聖書が一般信者も読めるドイツ語に翻訳されます。

プロテスタント教会の音楽

カトリック教会の典礼(ミサ)は、聖職者のみによって行われるので、一般の信徒は、たとえその場に居あわせることがあっても、遠くから見ているしかありませんでした。それに対して、プロテスタントの礼拝では、すべての会衆が自らの言葉(ラテン語ではなく、自国の言語)で祈りを唱え、自国語の歌詞による賛美歌を自らの声で歌います。

　そうした礼拝の歌として作られたのが、「コラール」です。コラールは、ドイツ語の歌詞——ルター自身が書いた歌詞も多くあります——をもつ、有節的な(つまり、詩の各節を同じ旋律のくり返しで歌う)単旋歌で、その旋律は、会衆が声をそろえて歌うことができるような民謡風の単純な美しさをそなえています。そのためにたくさんの旋律が新たに作曲されたことはいうまでもありませんが、また、カトリックの単旋聖歌や世俗曲といった既存の旋律を改作して歌詞を付けかえて用いている例も数多くあります。

　プロテスタント教会の音楽において、コラールは、いわば、カトリック教会の音楽での単旋聖歌のような役割を果たしました。つまり、礼拝式で歌われる祈りの歌であり、そしてまた、ちょうど単旋聖歌が後のポリフォニー曲の定旋律として用いられたように、宗教改革から間もなく現れるいろいろな種類のプロテスタント教会音楽——モテットなどのポリフォニー曲やオルガン曲——の多くで、コラール旋律が曲の基礎材料として用いられていくのです。

　とはいえ、プロテスタント教会の礼拝式は、全般的には、カトリック教会の典礼ほど豪奢な音楽で彩られているわけではありません。「信仰の原点にかえる」という考え方からすれば、華美な音楽の飾りは、むしろ、真剣な祈りを妨げるものと考えられたでしょう。ルター自身は、ジョスカンの音楽を熱愛していたといわれています。彼は、音楽には比較的寛容で、いくつかのルター派の教会では、カトリックの典礼のために作られたポリフォニー曲さえ演奏されることがあったようですし、また、リートのようなポリフォニー様式によるモテットも書かれました。

しかし、スイスのプロテスタント指導者、カルヴァンとツヴィングリは、音楽に対してひじょうに厳しい姿勢をとり、かれらの教会から一切のポリフォニーを退けました。カルヴァンは（彼の教えはオランダにも広まりました）、典礼での楽器の使用を禁止し、礼拝式での音楽を、詩篇を歌詞とする無伴奏の単旋歌に限定しました。またツヴィングリは、教会のオルガンを破壊することさえ命じました。

プロテスタント各派の礼拝式での音楽についての姿勢は、これら両極端の間にあって、いろいろに異なっています。

イギリスの教会音楽

一五三四年、イギリス国王ヘンリー八世［在位一五〇九～四七］は、ローマ・カトリック教会から分離して、イギリス国教会を成立させます。これは、国王自身の結婚についてのローマ教皇との確執という政治問題から生じたものであって、ルターが行ったような宗教改革ではありませんでしたが、大陸での迫害から逃れてきた新教徒によって、徐々にプロテスタントの考え方が根をおろしていきます。礼拝式についても、はじめのうちは、カトリックのラテン語の典礼をそのまま引き継ぎました。やがてラテン語は英語へと置きかえられていきますが、カトリック典礼の基本的な枠組みは保たれます。

こうした状況の中で、トマス・タリス〔一五〇五頃～八五〕やウィリアム・バード〔一五四三～一六二三〕をはじめとするイギリスの多くの作曲家たちは、ラテン語と英語の両方の歌詞に作曲しました。それらは、入念に仕上げられたみごとな音楽ですが、音楽様式としては、基本的に、同じ時代の大陸諸国のフランドル楽派と大きくちがってはいません。

イギリス国教会に特徴的な種類の音楽を代表するのは、「アンセム」でしょう。これは、いわば英語版のモテットです。バードは、「アンセム」を最初に書いた作曲家だといわれています。それは、合唱で歌われる部分と、オルガン伴奏による独唱（独唱者が二人のときもあります）の部分が交替に現れる形のアンセムです（それに対して、全体を通して合唱で歌われるものを「フル・アンセム」と呼ぶことがあります）。バード自身は、イギリス国教会の高位にも就いたのですが、カトリック教徒で、ラテン語による優れたミサ曲も作曲しました。

反宗教改革と音楽

カトリック教会の側も、プロテスタントに批判されるがままにいたわけではありません。一五四五年から六三年にかけて、三回にわたって公会議(司教たちの総会議)がイタリアのトレントで開かれ、教義のいくらかの見なおしと、教会内の悪弊の一掃が議論されました。

典礼音楽についての議論では、一切のポリフォニーを禁止して単旋聖歌だけにもどるべきだという極端な意見もありましたが、けっきょく、ポリフォニーは承認されることになります。ただし、世俗曲を宗教曲の中にもち込むようなことはしないこと、そして、極端な技巧を避けて、聖なる歌詞がはっきりと聴きとれるようにすることが定められました。

当時ローマで活躍したジョヴァンニ・ピエルルイージ・ダ・パレストリーナ〔一五二五または二六～九四〕の《教皇マルチェルスのミサ曲》には、ポリフォニーが典礼にふさわしいことを公会議のメンバーに示して説得するために作曲された、という逸話があります。それは事実ではないようですが、とはいえこの曲には、トレント公会議の意向がよく反映されているといえるでしょう。つまり、歌詞の言葉はあまり引き延ばされずに、聴きとりやすく歌われ、響きも明澄で(すなわち、全体的に三和音的な響きに支配されていて)、不協和な音は慎重に制御されています。

パレストリーナはイタリア生まれで、フランドル出身ではありませんでしたが、彼の音楽様式は、同時代にミュンヘンで活躍したオルランド・ディ・ラッソ〔一五三二頃～九四〕や、スペインのトマス・ルイス・デ・ビクトリア〔一五四八～一六一一〕たちと同様に、フランドル楽派の音楽様式の伝統――ジョスカンの世代以後、アドリアン・ヴィラールト〔一四九〇頃～一五六二〕、ニコラ・ゴンベール〔一四九五頃～一五六〇頃〕、ヤコブス・クレメンス（・ノン・パパ）〔一五一〇頃～五五頃〕といった作曲家たちの音楽を経て引き継がれてきた伝統――の中にあって、いわば、その流れの末期をしるしています。その音楽には、新鮮なおもしろさは欠けているかもしれませんが、伝統の蓄積の上で破綻のない技術で完璧にしあげられた安定感があります。

たぶんその理由で、パレストリーナの音楽は、ずっと後の時代まで理論家や作曲家に対位法の教科書的な手本としてあがめられ、ポリフォニー音楽の規範にすえられ、そして、彼の名がルネサンス音楽の代名詞のようにいわれることにもなったのです。

(四) 言葉と音楽の新たな関係：マドリガーレ

パレストリーナの《教皇マルチェルスのミサ曲》が出版されたのは一五六七年でした。その音楽を、わずか十数年後に出版されたルカ・マレンツィオ〔一五五三または五四～九九〕のマドリガーレと聴き比べてみると、それらの間に大きな断絶があるように感じられます。

「マドリガーレ」は、一五三〇年代に現れたイタリアの世俗曲です（一四世紀の「マドリガーレ」

とはつながりがありません）。それは、三つから六つほどの声部から成るポリフォニー曲で、宮廷での宴（うたげ）や、貴族たちの個人的な集まりで楽しみとして歌われた音楽です。初期のマドリガーレは、それに先立って一五世紀末から一六世紀初めにかけて大流行したフロットラ——比較的軽い内容の詩を歌う世俗曲（ペトルッチは一一巻もの「フロットラ集」を出版しています）——のように、すべての声部がほぼ足取りをそろえて動く単純なポリフォニーですが、やがて、ヴィラールトやチプリアーノ・デ・ローレ〔一五一六～六五〕、アンドレア・ガブリエリ〔一五一〇頃～八六〕といった作曲家たちの手によって、一六世紀半ば過ぎには、ミサ曲やモテットと同様の手の込んだ書法による洗練された音楽になっていました（パレストリーナやラッソもまた、たくさんのマドリガーレを作曲しています）。

つまり、パレストリーナの《教皇マルチェルスのミサ曲》とマレンツィオのマドリガーレは、一方は教会の音楽であり他方は世俗曲ではあるとはいえ、どちらも無伴奏の合唱で歌われ、どちらも洗練されたポリフォニー書法で書かれているのです。それにもかかわらず、マレンツィオの音楽は、異様に思えるほど、パレストリーナのミサ曲とはちがって聴こえるのです。それは、音楽における言葉（歌詞）と音楽とのかかわり方が、根本的に異なっているからです。

音楽による言葉の意味の描写

例えば、マレンツィオの《マドリガーレ集第一巻》〔一五八〇年出版〕に収められている《悲しみの殉教者》の冒頭は、ひたすら苦悩と苦痛を述べる歌詞の意味内容に呼応するように、不協和な響きにあふれています。そして「悲しい声」という歌詞には異様に広い七度音程の跳躍を含む旋律がつけられ、「うめき」という言葉には奇妙にぎこちないメリスマが、「苦い」という言葉には不協和な増三和音の響きが、「生」という言葉には閃光のようなメリスマがあてがわれています。

つまり、音楽の表情が、歌詞の言葉の意味内容を逐一なぞっているのです。ここでの音楽は、パレストリーナのミサ曲のような、言葉を収める抽象的な建造物であるよりも、むしろ、言葉をたすけて、言葉と共に、言葉の意味の表現を強める役割を果たそうとしています。

じつは、歌詞の言葉の意味を映すような音楽は、すでに一六世紀前期にもみられなくはありません。とくにジョスカンは、おもにモテットで、「上昇」を意味する言葉に上行していく旋律をつけたり、「荘重」を表す歌詞には全声部がしっかりした足取りでそろって動く重厚な響きをつけるといったように、歌詞の意味にふさわしい音楽を書いたことで知られています。

音楽は、基本的には、言葉（歌詞）の意味から独立したもの——つまり、言葉の乗りもの（中世）、あるいは、言葉を収める伽藍（ルネサンス）——であっても、中身によってふさわしい器が異なるように、そこで歌われる言葉にとってふさわしい音楽があるということは、すでに中世後期以来、論じられ、作曲者たちに意識されてもいました。とはいえ、歌詞の中の詩行や言葉の一つ一つに敏感に反応してその意味を音楽で描写的に表すことで、音楽が言葉と一体になって意味表現を強める傾向が顕著に打ちだされるのは、ローレのマドリガーレあたりからのことです。そしてそれ以後、そうした性格こそがマドリガーレという音楽形式の大きな特徴になります。

マドリガーレの発展は、一五一〇年代ごろからの文学の嗜好の変化、すなわち、ルネサンスの端緒を開いた一四世紀の大詩人ペトラルカへの関心が再び高まったことと関係しています。マドリガーレの歌詞は、ペトラルカを範とする詩人たちによって書かれ、フロットラの定型的な詩の水準をはるかに凌駕する高い文学的表現を目指すものでした。

作曲家たちは、そうした歌詞の文学的な表現性を尊重し、それに鋭く反応したのです。しかも、マドリガーレは世俗曲なので、宗教曲のように教会の典礼の形式や伝統に縛られることもなく、新たな音楽表現をはばたかせる絶好の場だったのでしょう。

一五五五年に出版された『現代の作曲のための古代音楽の改変』と題した著書で、作曲家で理論家でもあったニコラ・ヴィチェンティーノ［一五一一～七六頃］は次のように言っています。

「作曲家のただ一つの務めは、言葉を活気づけ、響きによってその意味を表現することにある――ときに苛酷な、ときに甘美な、ときに陽気な、ときに悲しい――それらの主題に応じて」。そしてそのためには、旋律の音程の極端な跳躍も、不協和な音も用いられるだろうし、「その結果、［作曲家は］旋法を捨てて、自らを言葉の主題［意味］の支配に委ねるだろう」。

ヴィチェンティーノは、古代ギリシアの音楽にはそのような表現的な力があったと考え、さらにそれは、半音や四分音（半音の半分の音程）を含んだ旋法によって曲が作られていたからだと主張しました――そう信じた彼は、四分音を演奏できる鍵盤楽器さえ発明しています（もっとも、四分音の使用が当時実際に広まることはありませんでした）。

マニエリスムの音楽

ヴィチェンティーノの言葉に強く表れている「歌詞（言葉）の意味を描写的に映す音楽を書く」という欲求、そして、半音階的な書法がもつ表現的な効果の強調は、一六世紀末には、極端な音楽技法を導きました。この時代のそのような音楽を同時代の美術における「マニエリスム」――例えば、ティントレットの絵画作品にみられるような、誇張や変形、不安定な並置によって、劇的な効果を求める傾向――に準えて、こんにち、「マニエリスムの音楽」と呼ぶことがあります。

例えば、マレンツィオの《独りで憂鬱に沈み》や、カルロ・ジェズアルド［一五六一頃～一六一三］の《疲れ切り、死も間近》といった曲では、言葉が表しているひじょうに激しい感情を写し描くために、異様に半音階的な旋律や響きの移り行きが見られ、そうした部分が、あからさまに全音階的な部分と唐突に並置されています。歌詞の一つ一つの詩行の感情を映すことを目指すあまり、そこでの音楽は、それまでの旋法の枠組みを大きく逸脱し、曲全体を通しての一貫した流れや均整を失って、あとほんの少しで、性格の大きく異なるバラバラの部分の単なる寄せ集めにすぎないものになってしまいそうです。言葉（歌詞）の意味表現への強い関心が、音の建築物であったはずの音楽の自律的な構造の基礎を突き崩し、音楽をなにか別の性質のものに変えた（あるいは、変えつつある）と感じられるのです。

言葉（歌詞）の意味の描写表現には、耳で聴いただけではわからない種類のものもあります。例えば、「夜」を表す詞につけられた音楽が、黒い音符で書かれていたりするのです（当時標準的に用いられた音符は、ダイヤモンド形の輪郭の中が塗りつぶされていない白符でした）。このような、黒い音符による「闇」の視覚的な描写は、楽譜を見て歌う人たちだけにわかる種類の描写表現です。こうしたことは、マドリガーレというものが、多くの場合、音楽好きの人たちが何人か集まって自分たちで歌って楽しむための音楽であったことを、間接的に証しています。

しかしその一方で、ルッツァスコ・ルッツァスキ［一五四五頃〜一六〇七］のマドリガーレのように、優れた技量をもつ歌手にしか歌えない、華麗な演奏技術を披露する曲も書かれるようになります――ルッツァスキをはじめとする何人もの作曲家たちが、当時、北イタリアのフェラーラの宮廷に雇われていた三人の並外れたソプラノ歌手のために、曲を書いています。そうした曲では、とうぜん、特別な歌唱技術で歌われる細やかな装飾に満ちた声部が目立ちます。ルネサンス盛期のポリフォニーでは、それぞれの諸声部が対等に扱われていたわけですが、そのような構造的な「均衡」に替わって、ここでは、名人芸的な華やかな演奏の効果が聴く人をひきつけるのです。

イギリスのマドリガルとリュート歌曲

エリザベス一世〔在位一五五八～一六〇三〕の時代のイギリスの人々が、どれほどイタリアに関心をもっていたかは、当時活躍したシェイクスピアがイタリアを舞台にした作品をいくつも書いていることからもうかがえるでしょう。音楽もその例外ではありません。

イタリアのマドリガーレがイギリスで流行しはじめたのは、一六世紀の半ば過ぎからでした。一五八八年、ロンドンで、当時のイタリアの作曲家一八人の五七曲のマドリガーレ（歌詞は英訳）を収めた《アルプスの彼方(かなた)の音楽》が出版され、さらにそれに続いて出版された何冊もの曲集が、その大きな流行のきっかけとなりました。なかでも最も人気があったのは、マレンツィオのマドリガーレだったようです。

それに刺激されて、世紀の終わり近くには、イギリスの作曲家たちもたくさんのマドリガル〔イタリア語の「マドリガーレ」の英語化した呼び名〕を作曲しはじめます。本家のイタリアではルネサンス的なポリフォニー様式のマドリガーレがもはやあまり書かれなくなったころ、イギリスでは、トマス・モーリー〔一五五七～一六〇二〕、トマス・ウィールクス〔一五七五頃～一六二三〕、ジョン・ウィルビー［一五七四〜一六三八］をはじめとする多くの作曲家たちによって、そうした「滅びゆく」様式を受け継いだみごとなマドリガルが大量に書かれ、そして、一六二〇年代の終わり近くまでさかんに作曲され続けます。こうしたイギリスのマドリガルには、マニエリスムの影響はあまり見られず、過度の歌唱技術の華やかさに走ることもなく、音楽好きの人たちが自分たちで歌う楽しみがあふれています。

さて、この時代のイギリスの世俗曲としてもう一つ、リュート歌曲と、その代表的な作曲家ジョン・ダウランド［一五六三〜一六二六］の名をあげないわけにはいきません。それは、リュート伴奏の独唱または重唱による有節的な歌です（リュートという楽器については、後で説明します）。

そこでの「伴奏」であるリュートのパートは、いわば、ポリフォニーのいくつもの声部をまとめて一人で楽器で弾けるような形に書かれたもの、といってもよいでしょう――実際、リュートのパートを、複数の声部に分解してそれぞれ異なった楽器（あるいは声）で演奏するように編曲することも容易です。その意味で、この音楽は、マドリガルのポリフォニーに似ていなくもないのです。とはいえ、一つの楽器でまとめて弾かれる諸声部（ここでの「伴奏」）に対して、歌の声部が聴く人の耳を奪うことはいうまでもありません。ダウランドのリュート歌曲は、言葉（歌詞）の意味を、極端に走らずに繊細に映して、歌の旋律の内的な抒情性に満ちています。

(五) 楽器の音楽

中世以来、音楽の演奏のようすを表した絵画には、歌い手と共に、さまざまな楽器とその奏者が描かれています。音楽が声だけのために作曲されていても(つまり、楽譜にはそれしか書かれていなくとも)、実際の演奏にあたっては、声のために書かれたパートを、適切な音域と音量をもつ楽器によって、声と重ねて演奏したり、あるいは、声の代用として楽器だけで演奏することも、頻繁に行われていたにちがいありません。例えば、アイソリズム・モテットのテノール声部の定旋律——音が長く引き延ばされて歌詞がまばらにしかついていない声部——は、声で歌うよりもむしろ、管楽器や弦楽器で奏するのにうってつけのものだったように思えます。

また、楽器の使用が、声の補助や代用に限られていたはずはありません。とうぜん、さまざまなダンスが、楽器の奏でる音楽にのって踊られていました。しかしそうした音楽は、奏者から奏者へと口承で伝えられて演奏されていたので、聖歌の記譜がはじまった後も楽譜に記されることはほとんどありませんでした。そのために、その具体的な姿はよくわからないのです。

そもそも中世の音楽観では、言葉を運ぶ乗りものとしての音楽に価値をおいていたのですから、言葉を欠いた(すなわち、歌詞をもたない)器楽は、なんの意味も伝え得ない空虚な音の遊びとしか思われませんでした。つまり、楽譜に記して大切に残すほどの価値があるとは考えられなかったのです。したがって、楽器のための音楽を記した楽譜がいくらかでも現れはじめるのが、ようやく中世も末期にさしかかってからであるのは、不思議なことではありません。つまりそれは、ルネサンスに向かって、音の抽象的な構造物としての音楽への関心が芽生えはじめたころ——音楽に対する考え方がゆっくりと変化しはじめた時期——に一致しているのです。

一三世紀末から一四世紀にかけての写本には、「エスタンピー」という形式——短い部分の連なりから成り、各部分は二度ずつくり返されます——による単旋律の舞曲が、数曲記されています。とくに楽器が指定されているわけではないので、演奏可能な楽器が適宜に用いられたのでしょう。

また、中世末期の器楽は、けっして、舞曲だけではありませんでした。一四世紀半ば以降の写本には、舞曲とともに、既存の声楽のポリフォニー曲——《フォヴェール物語》、マショーやランディーニといった作曲家たちの曲——の鍵盤楽器用編曲がかなりの数収められています。「編曲」といっても、それは、声楽の諸声部のパート譜をひとまとめに書いて全体を一人で弾けるようにタブラチュア譜(奏法譜)に写し示したもので、曲のあちらこちらに細かな動きの装飾音(楽器では声よりも細かな早い音符を奏するのが容易です)が加えられています。このような形の「編曲」のことを、「インタヴォラトゥーラ」といいます。

中世・ルネサンスの楽器

一四世紀からルネサンス時代にかけての人々は、楽器を、「オ」［フランス語で「高い」の意ですが、ここでは音が「大きい」という意味で使われています］と「バ」［フランス語で「低い」の意ですが、音が「小さい」の意味です］の二種類に分類していました。「オ」の代表的な楽器は、トランペットやサックバット（トロンボーン）、一方、「バ」には、さまざまな弦楽器や木管楽器が含まれます。

おもなものとしては、弓で弾く弦楽器であるヴィエル（中世）、ヴィオール（ルネサンス）――どちらにも、高音から低音までさまざまなサイズがあります――、弦をはじいて音を出す楽器としては、アラブの伝統楽器ウードに近い複弦の楽器であるリュート［ドイツ語ではラウテ］、ハープ、箱状の枠の中に張られた弦をたたいて演奏するプサルテリウム。木管楽器では、リコーダー、オーボエのようなダブルリードのシャルマイとクルムホルン、そして、大小さまざまなサイズの角笛のようなコルネット［こんにちのコルネットとはちがう楽器です］。鍵盤楽器としては、オルガン、そしてルネサンスに入ってからはさらに、クラヴィコードとハープシコード（前者は、鍵盤を押すと爪が弦をたたいて音を出しますが、後者は、爪が弦をはじきます）が加わります。

もちろん、多種多様な打楽器もありました。その他に、中世ではバッグパイプなども使われました（なお、これらの楽器の名称は、言語によっていろいろちがっていますが、ここではそれらは省きました。また、現代の私たちになじみのある名称であっても、楽器の形状や構造はこんにちのものと同じではありません）。

器楽曲の種類

一四六〇年代にまとめられたと思われる《ブックスハイム・オルガン曲集》には、既存の単旋聖歌の旋律をテノールに定旋律として置いて、それに自由な上声部を付けた多声的なオルガン独奏曲がみられます。それらの曲は、それまでミサの典礼でオルガン奏者が即興で演奏していた音楽がどのようなものであったかをうかがわせます。

これは、カトリック教会のミサの典礼における音楽の一部を、声にかわってオルガンで奏する、いわゆる「オルガン・ミサ曲」の例です。こうした形のミサは、一五世紀に一般的になり、それ以後ますます広く行われるようになりました。そして、定旋律を上声部に置いて華麗な装飾をつけた曲がさかんに書かれるようにもなります。一方、プロテスタント教会では、一五七〇年代から、既存のコラールの旋律をソプラノに置いてそれに和声をつけたもの――比較的単純な四声部のものから、装飾に富んだパラフレーズによるものまで――が書かれはじめました。

このような典礼的なオルガン曲の他に、この時代の器楽曲――そのほとんどは鍵盤楽器や撥弦楽器の独奏曲です――は、おおまかに四つに分類できます。つまり、一　既存のポリフォニー声楽曲の編曲（インタヴォラトゥーラ）、二　変奏曲、三　舞曲、四　その他です（これらの独奏器楽曲は、たいてい、ごく少人数の集いで演奏するか、自分で弾いて楽しむためのものでした）。

一　**声楽曲からの編曲**　中世末期にはじまったインタヴォラトゥーラは、ルネサンスに入っても、器楽曲制作の主要な手段の一つでした。《ブックスハイム・オルガン曲集》にも、他の種類の曲と共に、ダンスタブル、デュファイ、バンショワといった作曲家たちのポリフォニー声楽曲のオルガン編曲が収められています。そして、一六世紀にたくさん出版された撥弦楽器（リュートなど）の曲の半分近くは、さまざまな種類の声楽原曲からのインタヴォラトゥーラです。

二　**変奏曲**　これは、短い曲を装飾を変えて何度もくり返していく形式の曲です。多くの作曲家によって書かれましたが、なかでもスペインの「ディフェレンシアス」と呼ばれる変奏曲形式では、ルイス・デ・ナルバエス〔一五三〇〜五〇に活躍〕などが作曲したビウエラ（複弦のギター）のための独奏曲やアントニオ・デ・カベソン〔一五一〇頃〜六六〕のオルガン作品がよく知られています。

また、低音の短い音型（「パッサメッゾ」と呼ばれ、たいていは、四つほどの音から成る下降音階です)を何度もくり返し、くり返しごとに新たに異なった上声部をつけていく形の変奏曲もよくみられます。そしてそれは、次のバロック時代にさかんに書かれる「パッサカリア」や「シャコンヌ」といった形式に引き継がれていくことになります(なおそれらは、低音の音型の執拗(しつよう)なくり返しの上に作られていることから、こんにち「固執低音(バッソ・オスティナート)による変奏曲」と分類されています)。

三　舞曲　一五世紀から一六世紀初めごろの宮廷で最も好まれた社交的なダンスは、バス・ダンス――男女のカップルがゆっくりとしたなめらかなステップで踊る、品位のある落ちついた踊り――で、そのためのたくさんの旋律が遺されています。

一六世紀になると、さまざまな種類の社交的なダンスのステップのリズムによるリュートやハープシコードのための洗練された舞曲が書かれるようになります。それらは、「パヴァーヌ」と「ガイヤルド」などをはじめとして、実際のダンスの伴奏ではなく、むしろ、弾いて、そして聴いて楽しむ音楽です。

四　その他　声楽曲とのかかわりなしに、一定の型にはまらずに、いわば自由に作曲された器楽曲としては、おもに模倣的な対位法を駆使(くし)した「リチェルカーレ」、「ファンタジア」、「カンツォーナ」、そして、華やかに動き回る走句を特徴とする即興的な性格の「トッカータ」、あるいはまた、「前奏曲」などがあります。多くの作曲家たちがこれらの曲を作りましたが、イタリアのフランチェスコ・ダ・ミラノ〔一四九七〜一五四三〕(リュート)、クラウディオ・メールロ〔一五三三〜一六〇四〕(オルガン)、ネーデルランドのヤン・ピーテルスゾーン・スヴェーリンク〔一五六二〜一六二一〕(オルガン)、スペインのルイス・デ・ミラン〔一五〇〇頃〜六一頃〕(ビウェラ)などの曲が、とくによく知られています。

イギリスでは、一六世紀末から次の世紀の初めにかけて作曲されたヴァージナル(小型のハープシコード)の独奏のための曲を集めた大きな曲集――《フィッツウィリアム・ヴァージナル曲集》〔一六〇九〜一九：筆写譜の形で編まれたもので、ずっと後まで出版はされませんでした〕や、《パーセニア》〔一六一三出版〕など――が編まれました。それらの曲集には、バード、ジョン・ブル〔一五六二頃〜一六二八〕、オーランド・ギボンズ〔一五八三〜一六二五〕をはじめとする何人もの作曲家たちが書いた、右に述べた四種類のさまざまな曲が数多く収められています。

合奏曲も作曲されましたが、大規模な器楽の本格的な興隆と進展は、次の時代、つまり、バロック時代の大きな特徴の一つとなるのです。

第3章

音楽の劇場――バロック
(17世紀～18世紀前期)

ギリシア神話の登場人物に扮して舞台上で歌うヤコポ・ペリ

一六世紀から一七世紀への変わり目あたりに、ルネサンス音楽とは異なった新たなようすの音楽が、はっきりと姿をみせるようになります。こんにちの私たちが「バロック」と呼んでいる音楽の時代の始まりです。

一八世紀半ばごろまでの約一世紀半にもわたるこのバロック時代は、社会・政治史における「絶対王政の時代」にほぼ一致しています。フランスの太陽王ルイ一四世〔在位一六四三〜一七一五〕の豪華絢爛たるヴェルサイユ宮殿の宮廷文化に象徴されるように、この時代にも、王侯貴族(国家)や豊かな都市、そして教会が、威信を高め、それを誇示するために、あるいはまた、高度に洗練された貴族の生活における楽しみとして、諸芸術に手厚い庇護を与えました。つまり、バロックの芸術も、ルネサンスのそれと同じように、貴族の文化です。

ルネサンスに始まった「人間」への意識は、引き続きこの時代にも文化の推進力として強く働いています。世界を人間の理性によって理解し、解明しようとする――すなわち「科学的な」――探究は、この時代に、ケプラー、ガリレオ・ガリレイ、デカルト、ライプニッツ、ニュートンといった人々の科学的発見と深い知的洞察に代表される輝かしい成果をもたらしましたし、その一方で、芸術においては、人間のもう一つの側面である「感情」の表現が重要な要素になりました。

バロック芸術の最も際立った特徴のひとつは、「劇的」な形式と手法を通して「感情」の表現が行われたということです。ここでいう「劇的」という言葉には、「演劇的」という意味と、誇張や対比の効果を活用した動的で「ドラマティック」な描(えが)き方という意味合いの両方が含まれています。この時代を代表する文学者の多くが劇作家でした。イギリスのウィリアム・シェイクスピア〔一五六四～一六一六〕、ベン・ジョンソン〔一五七二～一六三七〕、ジョン・ドライデン〔一六三一～一七〇〇〕、そして、フランスのピエール・コルネイユ〔一六〇六～八四〕、ジャン・ラシーヌ〔一六三九～九九〕、モリエール〔一六二二～七三〕などです。また、詩や小説――例えば、早くはイタリアのトルクァート・タッソ〔一五四四～九五〕の叙事詩(じょじし)『解放されたエルサレム』〔一五八一〕、そして、イギリスのジョン・ダン〔一五七二～一六三一〕の詩やジョン・ミルトン〔一六〇八～七四〕の叙事詩『失楽園』〔一六六七〕、スペインのミゲル・デ・セルバンテス〔一五四七～一六一六〕の小説『ドン・キホーテ』〔一六〇五／一五〕など――にも、演劇的でドラマティックな要素やイメージがあふれています。

音楽についても、同じことが言えるでしょう。つまり、この時代には「音楽による劇」としての「オペラ」が誕生し、そしてまた、教会音楽も世俗曲(せぞくきょく)も、声楽も器楽も、その多くが柔軟に伸び縮みするリズムや、響きの対比的なあつかいかたから生みだされる、動的で劇的な効果に満ち満ちているのです。

響きの対比的な効果や、柔軟なリズムの活用は、この時代の音楽をさまざまに特徴づけていて、それは楽譜（がくふ）にもあらわれています。例えば、音の強弱の突然で極端な変化を指示する強弱記号（*p*（ピアノ）や *f*（フォルテ））が書かれるようになります。そのような記号は、「調和と均衡（きんこう）」を尊重して極端な強弱の変化をつけることのなかったルネサンス音楽の楽譜には必要のないものでした。また、こんにちの楽譜にもみられる「アレグロ」〔「快活な」の意〕や「レント」〔「ゆっくり」の意〕といったようなテンポの指示がはじまるのもこの時代です。

前にお話ししたように、ルネサンス音楽では、常に一定の速度の基本拍（きほんはく）（タクトゥス）が保たれていましたから、そのタクトゥスを細かい音符（おんぷ）に分割すれば、結果的に、音楽は速い動きをもつことになります。しかし、タクトゥスのひじょうに細かい分割を書き記すのはとても煩雑（はんざつ）で、速い動きの音楽をそのやり方で書き記すにはおのずと限界があったのです。

そこで、常に同じテンポで基本拍を保つという考え方を改めて、基本拍自体のテンポを速くしたり遅くしたりするようにしたのです。つまり、拍のテンポを指定しなおしさえすれば、どのような速さの音楽も容易に書き表すことができるというわけです。こうした工夫によって、速い音楽と遅い音楽の対比を自在に活用することができるようになります。

「バロック」という用語――「いびつな真珠（しんじゅ）」を意味するポルトガル語から来た言葉です――は、次の時代の人々が、この時代の芸術を「均整を欠いたもの」としてさげすみ、批難（ひなん）する意味で用いはじめたものです（一九世紀以降、このもともとの悪い意味はぬぐい去られて、単に一七世紀から一八世紀半ばまでの芸術をさす便利な用語として定着しました）。

この時代の音楽は、ひじょうに多種多様な相貌（そうぼう）をみせているので、それらの全体を一括（ひとくく）りにして「バロック音楽の様式」を語るのはむずかしいのですが、それでも、そうしたさまざまに異なる姿をした音楽の多くが、何らかの形で、対比的な効果を活用した動的で劇的な特質をそなえていて、それによって「バロック時代」という一つの時代が画されていることもたしかです。

（一）新しい音楽

一六世紀末から一七世紀前期の音楽の歴史に大きな足跡を残したイタリアの作曲家クラウディオ・モンテヴェルディ〔一五六七～一六四三〕の二作目のオペラ《アリアンナ》〔一六〇八：アリアンナは、ギリシア神話に登場するアリアドネーのイタリア語名。残念なことに、このオペラの音楽はほぼすべて失われてしまい、ごく一部しか残存していません〕を聴いたある作曲家は、次のように書いています。

「それらの歌は、すばらしく絶妙で、古代の音楽の美点がそこに再生されたと本当に断言できるだろう。すべての聴衆が明らかに心を動かされて涙したのだから」(マルコ・ダ・ガリアーノ〔一五八二〜一六四三〕「《ダフネ》への序文」〔一六〇八〕)

ルネサンス以来の音楽家たちが、古代ギリシアの音楽にあったとされる人の心(感情)をゆり動かす力に大きなあこがれをいだいてきたことは、前章でお話ししました。そしていまや、古代の音楽の復元ではないとしても(そもそも、古代の文献に記された情報だけからその音楽を具体的に復元することなど不可能です)、それに等しい力をもつ音楽がついに実現されたというのです。

この引用が表している感慨の背景には、前の時代の音楽への批判が見てとれます。つまり、ルネサンスの音楽家たち、とくに一六世紀後期のマドリガーレの作曲家たちは、言葉(歌詞)に詠われている感情を音楽によって表現しようと熱心に探究したわけですが、彼らの音楽によってそれがじゅうぶんに達成されることはなかった、という批判です。真に人の心に訴えるような感情表現のためには、モンテヴェルディのオペラがみごとに示しているような、新たな音楽が必要だったということでしょう。

「音楽による感情の表現」という旧来の目的を、新しい音楽が達成したのだとすれば、では、その音楽の新しさとは、どのようなものだったのでしょうか。

一人の声、一本の旋律

一六〇二年、フィレンツェで、《新音楽》という題名を誇らしげに冠して、ジュリオ・カッチーニ〔一五五〇頃～一六一八〕の歌(独唱のための一二曲のマドリガーレと一〇曲のアリア)の曲集が出版されました。そこでは、どの曲も、二段の楽譜で書かれていて、上の段は独唱のパート、そして下段は、上声の歌を伴奏する楽器のための低音パートです——このような低音パートを、「通奏低音」(バッソ・コンティヌオ)といいます。つまりそれは、楽器に伴奏された一本の歌の旋律線だけでできている音楽です(こんにちではそれを「モノディー」と呼んでいます)。ルネサンス以来長い間、いくつもの声部が対位法的にからみ合って調和する音楽に慣れ親しんでいた人々の耳には、このような歌は、ひじょうに斬新に響いたことでしょう。

モノディーは、伝統的なポリフォニーを否定する音楽でした。喩えていえば、優れた役者が独りで巧みに語る言葉(台詞)は、観客の心をゆさぶるでしょうが、もし何人もの役者がその台詞を同時に語ったとしたら、言葉に表現されている繊細な感情はうまく伝わらないでしょう。

音楽においても同じことであって、言葉(歌詞)に詠われた感情を表現して真に聴き手の心(感情)を動かすのは、一人の声、一本の旋律の音楽なのであって、複数の対等な声が同時にからみ合うポリフォニーではない。そういう考え方なのです。

「音楽は言葉の召使い」

言葉(歌詞)を聴き手にはっきりと伝えるために、モノディーの旋律のリズムは、語り言葉のリズムを反映したものになっています。そしてさらに、そうした旋律では、言葉(歌詞)が表している感情表現のニュアンスを強めるために、しばしば、伴奏声部の音に対して不協和な音程――言いかえれば、緊張感の強い音程――が、さまざまに活用されています。そうした不協和音程の用い方は、伝統的なルネサンスの対位法の規則――とくに、バロック時代になっても長くその理論的な威光を保っていたジョゼッフォ・ザルリーノ〔一五一七~九〇〕が『ハルモニア教程』〔一五五八〕で定式化した規則――では、禁じられていたものでした。

そうした「表現的な」不協和音程の使用は、けっして、モノディーだけに限られていたわけではありません。この時代には、多くの作曲家たちが、ルネサンスの伝統を受け継いだポリフォニーの形でもたくさんの「新しい音楽」を書きましたが、そうした形態の曲でも、規範的な対位法の慣例規則をはみだした、不協和音程の活用がみられます。

モンテヴェルディ――彼は、いわば、ルネサンスとバロックの境目にあって、両方の時代をまたぐ作曲家でした――は、規則にとらわれずに言葉(歌詞)の意味内容を音楽で表現しようとする新たな作曲法を、「第二作曲法」と呼び、伝統的で厳格な対位法規則に則(のっと)った旧(ふる)い作曲法(「第一作曲法」)から区別しています。「第一作曲法」の主眼が音の抽象的な構成にあったのに対して、

「第二作曲法」では、(彼自身の言葉を借りれば)「音楽は言葉の召使い」(《マドリガーレ集第五巻》序文〔一六〇五〕)なのです。モンテヴェルディは、この新たな作曲法を称揚し、そして、そのはじまりを前世紀半ばのチプリアーノ・デ・ローレらのマドリガーレにたどって、それが単に奇抜で唐突な思いつきなどではないことを強調しています。

(二) オペラの誕生

そうした第二作曲法を駆使して新たに創られたのが、「音楽による劇」、すなわち、オペラです。新たな作曲法が、ルネサンス後期から徐々に形作られてきたものであったように、オペラも、けっして突然に出現したわけではありません。

一六世紀の末には、オペラの先祖といってよいような種類の音楽が、いくつか見られます。例えば、オラツィオ・ヴェッキ〔一五五〇～一六〇五〕の《ランフィパルナーゾ》〔一五九四：題名は「パルナッソスの山裾」といった意。パルナッソス山は、ギリシア神話で学芸の女神たちが住まう山〕に代表されるような、演劇の台詞そのままのかたちの歌詞を歌うマドリガーレ(こんにちではそれを、マドリガル・コメディーと呼んでいます)が作曲されました。つまり、演劇の台本がまるごと音楽化されているわけです。ただしそれは、舞台上の演技を伴うものではありませんでしたし、またそこでは、一人の登場人物の台詞が複数の歌手のポリフォニーで歌われます。

さらに、オペラの直接的な前身と思われるのが、「インテルメディオ」、すなわち、幕間劇です。それは、一つの劇の各部分の間（幕間）に演じられるもので、本体の劇とは別の内容の劇です。幕間劇の挿入は、一夜の演劇全体をいっそう豪華な催しに仕立てるのに役立っただけでなく、緞帳（舞台と客席をしきる幕）がなかったルネサンス時代の劇場では、大きな劇の各部分（幕）を区切って場面の転換を示すための有効な方法でした。

本体である本格的な劇では、台詞はすべて語られました。それに対して、インテルメディオでの台詞は、歌われたのです。インテルメディオは、いわば、舞台で演じられる小場面といったようすのもので、筋書きの本格的な展開を欠いています。しかし、その点をのぞけば、オペラと同じ特徴をそなえているのです。したがって、オペラ（つまり、すべてが歌われる本格的な劇）の最初の一歩が、インテルメディオの制作にかかわった人々によって踏みだされたのは、自然な成りゆきだったといえるでしょう。

一五七〇年代から八〇年代の終わりごろにかけて、フィレンツェの伯爵ジョヴァンニ・デ・バルディ［一五三四～一六一二］の館に、古代ギリシア劇における音楽の表現的な力への興味に導かれて新しい音楽を求める知識人たちが、しばしば集って議論を交わしました——こうした人々のグループを、後にカッチーニは、「カメラータ」［「同好クラブ」または「協会」の意］と呼び、こんにちでは「フィレンツェのカメラータ」として知られています。

そこには、音楽理論家で作曲家でもあったヴィンチェンツォ・ガリレイ〔一五二〇年代～九一：科学者ガリレオ・ガリレイの父。その著書『古代と現代の音楽についての対話』（一五八一）で、対位法を批判し、一本の旋律による音楽を称揚しています〕、作曲家のカッチーニ、ヤコポ・ペリ〔一五六一～一六三三：優れた歌手でもありました〕、エミリオ・デ・カヴァリエーリ〔一五五〇頃～一六〇二〕、そして、詩人のオッタヴィオ・リヌッチーニ〔一五六二～一六二一〕といった人々が含まれています。

これらの作曲家や詩人たちは皆、一五八九年のフィレンツェでの王侯の婚礼に際して上演されたインテルメディオの制作に加わっていました。そして、ちょうど世紀の変わり目ごろに、作曲家たちは、たがいに先陣を競うように、オペラを書きはじめたのです。

ペリは、《ダフネ》〔一五九八：この作品の楽譜は残存していません〕と《エウリディーチェ》〔一六〇〇：エウリディーチェは、ギリシア神話にでてくるエウリュディケーのイタリア語名〕を、カッチーニもやはり《エウリディーチェ》〔一六〇二〕を、作曲しました。これらのオペラはインテルメディオの場合と同じように、フィレンツェでの王侯貴族の婚礼などの特別な機会に上演するために作られたものです。台本はいずれもリヌッチーニが書いていますが、それらは、ルネサンス時代に流行した牧歌劇（神話化された古典古代の牧歌的理想郷を舞台にした劇）です。そうした台本に曲づけするにあたって、ペリは「語るような歌い方」、つまり、「歌らしい歌」の旋律ではなく語り言葉のリズムや抑揚に近づけた、歌と語りの中間のような歌唱――いわゆる「レチタティーヴォ様式」〔当時のフィレンツェでは、「劇的表現様式」と呼んだようです〕――を発案して、活用しています。また、カヴァリエーリは、ペリの《エウリディーチェ》初演の八か月ほど前にローマで《魂と肉体の劇》〔一六〇〇〕を初演しています。こちらはその題名が示すとおり、一種の道徳劇です。どれが歴史上初のオペラなのかといった議論はさておいて、これらの最初期のオペラはいずれも、あまり大きな反響はよばなかったようです。

音楽と劇という二つの要素を、共に納得がいくしかたで効果的に実現する手段としての新たなレチタティーヴォ様式を完全に使いこなした、真に説得力のあるオペラの実現は、少し時を経て、モンテヴェルディの《オルフェオ》〔一六〇七：オルフェオは、ギリシア神話のオルペウスのイタリア語名〕によってもたらされました。それは、北イタリアのマントヴァの大公からの依頼で作曲されたものですが、王侯の特別な行事の余興としてではなく、当時話題のオペラというものに熱い関心を寄せていた同好の士たちの前で初演されました。

このオペラで、モンテヴェルディは、アリアからレチタティーヴォまでのさまざまなようすのモノディーと、合唱、そして当時さかんになってきていた大規模な器楽合奏を組み合わせて、古代ギリシアのオルペウスの神話に基づいたこの物語を、みごとに「音楽による劇」に仕立て上げています。それは、ルネサンス以来音楽家たちの心に宿っていた、古代ギリシアの音楽劇の表現的な力の復興という希求が生みだした、ひとつの到達点でした。古代へのあこがれは、復古ではなく、オペラという新たな音楽形式の創造に結実したのです。

やがて一六二〇年代から三〇年代にかけて、オペラの中心地はローマに移りました。一六三二年には、ローマの大貴族バルベリーニ家(当時のローマ教皇はこの家の出身でした)の館に、数千人を収容できる大きなオペラ劇場が開かれ、詩人ジュリオ・ロスピリオージ〔この詩人は、後の一六六〇年代にはローマ教皇の座に就きました〕が多くの台本を書き、ステファノ・ランディ〔一五八七～一六三九〕やルイジ・ロッシ〔一五九七～一六五三〕といった作曲家たちが活躍しました。そこでは、初めて喜劇的なオペラもみられるようになります。しかし、オペラにおけるローマの優勢はあまり長続きせず、次には、ヴェネツィアがその中心地になります。

一六三七年、ヴェネツィアに公共のオペラ劇場が開かれました。それまでは貴族や教会の庇護に依存していたオペラが、一般の市民(もちろん裕福な人々だけですが)に開かれ、観客が支払う入場料によって運営されるようになったのです。オペラ公演は年間を通して(少なくとも数か月にわたって)行われるようになり、観客は、同じオペラを何度もくり返して観ることができるようになりました。

こうした公共の劇場のために、モンテヴェルディは、《アリアンナ》以来しばらく遠ざかっていたオペラの作曲を再び手がけます。晩年の二曲のオペラ、《ウリッセの帰郷》〔一六四〇：ウリッセは、古代ギリシアの詩人ホメロスの叙事詩『オデュッセイア』の主人公オデュッセウスのイタリア語名（英語名はユリシーズ）」と《ポッペアの戴冠》〔一六四二：古代ローマ皇帝ネロとその妻ポッパエアの物語〕のうち、とくに後者には、貴族の依頼で書かれた《オルフェオ》の場合ほどの多様な楽器の彩はないとはいえ、劇的な歌唱表現のいっそうの深まりがみられます。

（三）楽器の解放

ルネサンスの音楽では、さまざまな楽器が、声楽の補強あるいは代用としてさかんに用いられ、そしてまた、一五世紀後期には、声楽曲を編曲して作られた器楽独奏曲（インタヴォラトゥーラ）が愛好されたことは、すでにお話ししました。つまり、その時代では、小規模な独奏曲を別にすれば、楽器で奏でる音楽は、何らかのかたちで声楽に大きく依存していたわけです。

しかし、世紀の変わり目ごろになると、声楽とのかかわりなしに、はじめから楽器で演奏することを意図した比較的大規模な曲も作られるようになります。つまり、楽器の音楽は、声楽の縛めを解かれて、いまや器楽として独立し、独自の発展をはじめて、それがバロック時代の音楽の大きな特徴のひとつになるのです。

一五九七年に、ヴェネツィアのサン・マルコ寺院の楽長であったジョヴァンニ・ガブリエリ

［一五五五頃～一六一二：アンドレア・ガブリエリの甥にあたります］の《宗教的シンフォニア集》［ここでの「シンフォニア」は、多声部が一緒に響く音楽、つまり、大きな編成の曲という意味です］の第一巻が出版されます。この曲集には、ポリフォニーの声楽曲（モテット）と共に、声楽を含まない器楽だけの合奏曲（カンツォーナとソナタ）が収められています――「カンツォーナ」と「ソナタ」は、字義通りには、前者は「歌」、後者は「鳴り響いたもの」という意味ですが、ここではどちらも、単に抽象的な「曲」といったような意味合いです。これらの器楽曲は、八～一五声部（各声部一楽器）のルネサンス的なポリフォニーで書かれているのですが、各声部の旋律線は、楽器の特性を活かした素早い動きや変化に富んでいます。つまりそこには、声楽的な歌とは明らかにようすの異なった、器楽的な旋律様式がみられるのです。

また、それまでの声楽の補強や代用としての多声的な器楽では、それぞれの声部をどのような楽器で奏するかは演奏者に任されていたのですが、ガブリエリは、特定の声部に特定の楽器を指定しています。それによって、楽器の色彩豊かな響きの組み合わせを意図的に作り上げているのです。ちなみに、こうした器楽合奏の色彩的な効果は、モンテヴェルディも《オルフェオ》の器楽部分などで活用しています。

ガブリエリの曲のもうひとつの大きな特徴は、全体の合奏がいくつかのグループに分けられていて、グループの間の対比と協調がアンサンブルにおもしろさを加えている点です。こうした工夫は、サン・マルコ寺院の聖歌隊席の特殊な配置からきたものだといわれています。つまり、この大聖堂では、上階に二つの聖歌隊席が向き合うように設けられているので、ルネサンス以来、作曲家たちは、二群(ときには四群)の合唱が交替して歌う効果を活用してきていたのです。ガブリエリは、その考え方を、合唱だけでなく器楽合奏にも適用したのです——それを、「複合唱」または「複合奏」といいます。《宗教的シンフォニア集》に収められている《ピアノとフォルテのソナタ》〔八声部で書かれています〕は、こうした複合奏の典型的な例であるとともに、音の強弱の対比を意図的に活用した最初期の曲としてもよく知られています。

異なるものの混合と対比

器楽の声楽からの独立によって、器楽と声楽を対等な立場で組み合わせることが可能になります。声と楽器(あるいは合唱と器楽合奏)がたがいに異質であることを意識し、それらを、どちらが主でも従でもなく、ときには協調的に、ときには対比的に合わせることで、色彩に富んだ劇的な音楽空間を築くことができます——宗教曲・世俗曲を問わず、そのような混合的な音楽の様式を「コンチェルタート様式」〔イタリア語の「コンチェルターレ」(「協調する」の意)からきた言葉。ラテン語の同じつづりの言葉(「対立して競う」の意)からきたという説もあります〕といいます。当時の作曲家たちは、そうした様式でたくさんの曲を遺(のこ)しています。

こんにちの私たちは、「コンチェルト」〔「協奏曲」と訳されています。語源は、「コンチェルタート」と同じです〕というと、独奏とオーケストラによる音楽というイメージをもちますが、そのようなコンチェルト（協奏曲）が現れるのは、一七世紀も終わりに近づいてからのことで、この世紀の初めごろに「コンチェルト」と呼ばれていたのは、たいてい、独唱と楽器――通奏低音、そして上声部に旋律楽器が加わることもあります――という組み合わせによる宗教的な内容の曲でした（ロドヴィコ・グロッシ・ダ・ヴィアダーナ〔一五六〇頃～一六二七〕の《百曲の教会コンチェルト集》〔一六〇二出版〕は、その典型的な例です）。また、コンチェルタート様式によるみごとな作品であるモンテヴェルディの《聖母マリアの晩課》〔一六一〇出版〕にも、大規模な合唱と器楽合奏による曲とともに、そうした独唱の「コンチェルト」が含まれています。

通奏低音：アンサンブルの中心を担う楽器パート

通奏低音は、その呼び名が示すとおり、曲の始めから終わりまで通して途切れることなく続く一本の低音旋律のパートです。音の低い旋律楽器（チェロやファゴット）でそれを奏するのですが、同時にその同じ旋律を、鍵盤楽器（オルガンやハープシコード）あるいは撥弦楽器（リュートなど）で重ねて演奏していきます。そのとき、鍵盤楽器や撥弦楽器――つまり、和音を弾くことのできる楽器――は、単にその低音旋律だけを弾くのではなく、同時に、その低音の上に即興的に和音をつけて演奏します。こうした和音演奏によって、声や高音楽器が奏でる高い音域の歌と低い通奏低音という二つの大切なパートの間にできてしまう音の空白がうめられて、充実した響きが得られるわけです。その意味で、通奏低音の演奏には、和音が弾ける楽器が不可欠でした（実際に、低音旋律楽器なしに、鍵盤楽器だけで通奏低音演奏をまかなうことも可能です）。

通奏低音奏者が弾く和音は、楽譜には書かれておらず、どのような和音を、どのような形で弾くべきかは、基本的に演奏者の判断（つまり、即興）に委ねられています。とはいえ、その即興は、なんでも勝手に弾いてよいということではなく、そこには慣習的な規則があります。そして、通奏低音のパートの楽譜には、奏者を正しい和音選択に導く手がかりとして、しばしば、音符の上や下に小さく数字が書かれています——例えば、5は、その低音の五度上の音を和音として弾くという指示です（このことから、通奏低音は、「数字付き低音」と呼ばれることもあります）。

通奏低音によって、「和音」という概念——つまり、同時に鳴る音の重なり（音の縦の組み合わせ）を一塊の構造単位としてとらえるという考え方——が促進されることになり、それとともに、さまざまな和音をならべてつなげていくこと（それを「和声」といいます）が、音楽の構造にとってひじょうに重要な要素になっていきます。

その過程で、それまでいくつもあった旋法が、徐々に二種類の音階（こんにちの「長音階」と「短音階」にあたるもの）だけに整理されて、一七世紀中ごろには、それらの音階に基づいた和声進行

（和音のならべ方）の慣習的な規則――例えば、「ソ-シ-レ」の和音の後には「ド-ミ-ソ」の和音がくるといったような、いわば、和声の「文法」のような決まり――が、ほぼ固まります。こうして、現代にまでに受け継がれている長調・短調という音楽構造組織が成立します。つまり、音楽の構造組織の基礎が、ルネサンス時代までの旋法から、「調性」へと変化したのです。

さて、一六世紀末から一七世紀初頭にモノディーの隆盛とともにイタリアではじまったこの通奏低音の書法と演奏慣習は、一七世紀中ごろには他の国々でも広く行われるようになり、バロック時代を通じて、あらゆる種類の音楽に――小さな歌にも、大規模な声楽曲にも、室内楽にも、オーケストラ曲にも――用いられました。じつのところ、それは、歌の旋律への単なる伴奏などではなく、旋律を支える響きを作り、響きの動きを生みだし、それによって歌の旋律のなりゆきも、曲の進行をもつかさどる、音楽の構造の核としての役割を果たしたのです。

鍵盤楽器の独奏曲

この時代にはまた、ルネサンス後期にはじまったさまざまな種類の独奏器楽曲も、ますます多く作曲されて、音楽の重要な一分野を成すようになります。なかでも、ローマのサン・ピエトロ大聖堂のオルガン奏者だったジロラモ・フレスコバルディ〔一五八三～一六四三〕は、オルガンやハープシコード（イタリア語では「チェンバロ」といいます）の独奏曲にバロック的な劇的表現性を与えました。

半音階的で緊張感に満ちたそれらの鍵盤楽器曲は、教会のミサの中で演奏するためのものでした。例えば、オルガン曲集《音楽の花束》〔一六三五〕に収められた曲には、それぞれ〈聖体拝領の後のカンツォーナ〉といったように、ミサのどこで演奏されるべきかがはっきりと記されています。つまりこれは、ミサで演奏するための一連のオルガン曲（「オルガン・ミサ曲」）なのです。

(四) イタリアからアルプスを越えて

イタリアにはじまったこうした新しい音楽傾向は、間もなく他の国々にも伝わり、実践されるようになります。アルプスの北側、つまりドイツ語圏の国々でいち早く本格的にイタリアの新音楽を吸収して多くの優れた作品を生みだしたのは、生涯の長い時期にわたってドレスデンのザクセン選帝侯の宮廷に楽長として仕えたハインリヒ・シュッツ〔一五八五～一六七二〕でした。

シュッツは、ジョヴァンニ・ガブリエリとモンテヴェルディに学ぶために、一六〇九年と二八年の二回にわたってヴェネツィアに行き、そこで学びとった様式を用いて、ドイツ語の歌詞による作品を書きました。二巻の《小宗教コンチェルト集》〔一六三六／三九〕は、独唱者たちと通奏低音という小編成のための作品です（三十年戦争で疲弊した当時のザクセンの宮廷には、そうした小さな編成の音楽しかまかなえなかったのかもしれません)。この曲集に収められたコンチェルトは、モノディー様式で書かれています。そして、しばらく後に作曲された大規模な作品《教会シンフォニア集》第二巻、第三巻〔一六四七/五〇。第一巻は一六二九〕では、ガブリエリ風の複合唱とモンテヴェルディの不協和音を活用した表現法が融合されています。

こんにち、シュッツの名は、晩年になって聖書の中の物語に作曲した《喜ばしきイエス・キリスト生誕の物語》〔一六六四:「クリスマス・オラトリオ」と呼ばれることもあります〕などの作品で知られています。それらの作品で、シュッツは、イタリアの新たな音楽様式をドイツ語の歌詞に適応させて、後に続くドイツの宗教的声楽曲の伝統の基礎を敷いたのです。

一方、宗教的な器楽、つまり、オルガン音楽では、シュッツの友人でもあったザムエル・シャイト〔一五八七~一六五四〕の三巻からなる曲集《新譜表》が、一六二四年に出版されています。そこでは、旧来のタブラチュア譜ではなく、イタリアの鍵盤楽器曲の新たな記譜法(五線譜による記譜法)が用いられています。

また、フレスコバルディの弟子で、ヴィーンの宮廷のオルガン奏者を務めたヨハン・ヤコプ・フローベルガー〔一六一六~六七〕の鍵盤楽器曲は、師の伝統を受け継いでいますが、多くの曲で模倣的な対位法の書法が目立っていて、バロック後期に重要な形式になる「[単一の主題による]フーガ」へのつながりを強く感じさせます。また彼は、やはり一七世紀後期にさかんになる鍵盤楽器の「組曲」(舞曲の楽章によって構成された組曲)を、最初に書いた作曲家の一人でもあります。

こうして、イタリアの新しい音楽様式の影響を受けた音楽家たちによって、一七世紀前期には、ドイツのバロックがはじまりました。しかし、ヨーロッパの他の国々に、それぞれの形でバロックの新たな音楽様式が現れるのは、少し後になってからのことです。

(五) イタリア・オペラ、その後

「音楽による劇」から「歌の饗宴」へ

モンテヴェルディの後、イタリア・オペラを牽引した作曲家としては、モンテヴェルディ自身の弟子で、師の後期の様式を引き継いで四〇作以上のオペラを書いたフランチェスコ・カヴァッリ〔一六〇二~七六〕、そして、長い間ドイツ語圏に住んでひじょうに高い人気を誇ったアントニオ・チェスティ〔一六二三~六九〕の名をあげておきましょう(当時、ドイツのオペラ劇場でも、上演されていたのは、イタリアの作曲家によるイタリア語のオペラだったのです)。

チェスティの作品の中で最も有名なのは《黄金の林檎》〔一六六八〕ですが、これは、ヴィーンでの皇帝の婚礼のために作曲された、ひじょうに大がかりなオペラで、登場する歌手の数も、舞台装置も、当時の標準的な規模をはるかに超えた、やや特殊な例です。いずれにせよ、チェスティのオペラの多くでは、主役の歌手が演奏技量をたっぷりと発揮できるような「歌」(アリア)が、作品の魅力の中心になりはじめます。

オペラ劇場での観衆の関心は、歌詞(劇の台詞)の細かなニュアンスを追うことよりも、歌手のみごとな「歌」(音楽)を聴くことに集まりはじめていました。つまりオペラは、当初の理想であった「音楽による劇」から、徐々に、「歌の饗宴」といったようすのものに変化していくのです。

こうした傾向は、一七世紀後期以降、ジョヴァンニ・レグレンツィ〔一六二六～九〇：北イタリアのフェラーラとヴェネツィアで活躍〕やアレッサンドロ・スカルラッティ〔一六六〇～一七二五：ローマとナポリで活躍〕といった作曲家たちのオペラで、いっそう顕著になります。いまやオペラは、いわばアリアの連なりで、それらのアリアは、劇のなりゆきを語り歌うレチタティーヴォによって物語の筋の中になんとかつなぎ止められているだけです。

そうした形のオペラでのアリアは、しばしば、一つのきまった形式で書かれています。すなわち、三つの部分から成り、最初と最後の部分が同じ(つまりA―B―Aという形)になっていますこの形式のアリアを「ダ・カーポ・アリア」〔「ダ・カーポ」は、イタリア語で「頭から」の意〕といいます。ダ・カーポ・アリアの最後のA部分では、歌手は自分の演奏の技量を存分に発揮して、最初のA部分の音楽に即興的にたくさんの装飾を施して歌うことが習わしになっていました。

イタリア・オペラは、やがて、ドイツの作曲家の手によっても書かれるようになります。バロック後期、すなわち一八世紀前半に活躍したジョージ・フリデリック・ヘンデル〔一六八五〜一七五九：ドイツ名はゲオルク・フリードリヒ・ヘンデル〕は、その代表的な存在です。彼はドイツに生まれ、ハンブルクのオペラ劇場に勤めましたが、一七一七年にイギリスにわたって、それ以後、イタリア・オペラが流行していたロンドンで活躍し、イギリスの国民的な作曲家になりました。

こんにちヘンデルの名は、おもに《エジプトのイスラエル人》〔一七三九〕や《メサイア》〔一七四二：「メサイア」は「救世主」の意〕などのオラトリオと、イギリス宮廷の祝祭のためのオーケストラ曲《水上の音楽》〔一七一七〕と《王宮の花火の音楽》〔一七四九〕の作曲者として知られています。

しかしヘンデルは、イタリア・オペラを書くことにこだわり続け、そしてそれによって人気を得た作曲家でもありました。《ジュリオ・チェーザレ》〔一七二四：この題名は「ユリウス・カエサル」のイタリア語名（英語では「ジュリアス・シーザー」）〕や《セルセ》〔一七三八：この題名は、古代ペルシャのクセルクセス王のイタリア語名〕をはじめとする彼の数多くのオペラ作品は、バロックのイタリア・オペラのひとつの到達点を示しています。

教会のオペラ？：オラトリオ

ここでオラトリオ〔この言葉はもともと「祈禱室（きとうしつ）」という意味ですが、そこで宗教的な歌を歌う習慣からこの形式が派生したので、こう呼ばれるようになりました」という形式の誕生についてお話ししておきましょう。というのも、それは、イタリア・オペラと密接なつながりがあるからです。

人々をひきつけるオペラの力に気づいたカトリック教会は、それを活用して聖なる教えを広めようと考えて、とりわけローマで、宗教的な内容のオペラを作曲家たちに委嘱しはじめました。しかしその一方で、オペラというものの眩惑的な魅力が、宗教的な深い精神性にそぐわないことを懸念してもいたのです。そこで、いわば妥協策として、ローマ教皇は、年間の最も重要な二つの期間である待降節（クリスマスの前の四週間）と四旬節（イースターの前の四六日間）のオペラ上演を禁止しました。

そのオペラの空白期間をうめるために、一七世紀中ごろにさかんになったのが、オラトリオです。そこでは、聖書や聖人の生涯の物語が音楽劇的に歌われるのですが、舞台や衣裳や演技は伴いません。つまり、舞台演技抜きの宗教的オペラのようなものです。オラトリオでは、合唱が大きな役割を果たし、そして、物語の進行の説明（つまり、劇台本の「ト書き」にあたる部分）が「テスト」と呼ばれる語り手役の歌手によってレチタティーヴォで歌われます（皮肉なことに、最も有名なオラトリオであるヘンデルの《メサイア》は例外的な作品で、テストのパートがありません）。

イタリアの作曲家ジャコモ・カリッシミ［一六〇五～七四］の《イェフテ》［一六四八頃：この題名は、旧約聖書に出てくるイスラエルの将帥の名前］は、一七世紀半ばのオラトリオの典型的な一例です。この曲の歌詞はラテン語ですが、オラトリオには、各国の自国語によるものもあり、この時代以後、多くの作曲家たちが、さまざまな言語によってこの形式の作品を書いています。

(六) 器楽の興隆(こうりゅう)

バロック時代の大きな特徴のひとつは、器楽が、声楽と肩をならべるほどの重要なジャンルになったことです。こんにちにまで伝わるヴァイオリンの名器が製作されたのがバロック後期であったということも、それを象徴しています(それらは、一七世紀後期から一八世紀初期にかけて、北イタリアの小都市クレモナで、弦楽器製作者アントニオ・ストラディヴァリ［一六四四～一七三七］などの手で作られました)。ヴァイオリンは、それまで用いられていたヴィオールよりも艶(つや)やかで輝かしい音色をもっていて、すぐに、新たな器楽興隆の時代の主役となったのです。

例えば、優れたヴァイオリン奏者でもあったビアジョ・マリーニ［一五八七頃～一六六三：ヴェネツィアで活動］や、ハインリヒ・イグナツ・ビーバー［一六四四～一七〇四：ボヘミアの出身で、ザルツブルクで活躍］をはじめとして、多くの作曲家たちが、ヴァイオリンと通奏低音のために、何曲もの美しい独奏ソナタ(すなわち、独奏楽器と通奏低音のためのソナタ)を書いていますし、また、後でお話しするように、協奏曲の独奏楽器としても、ヴァイオリンが華やかに活躍します。

室内楽：トリオ・ソナタ

「トリオ・ソナタ」は、一七世紀後半にさかんになった室内楽の一形式です。それは、二つの高音旋律楽器（二本のヴァイオリン、あるいは、ヴァイオリンとフルートなど）と通奏低音という、三つの声部でできたソナタのことです――通奏低音のパートは、前にもお話ししたように、低音旋律楽器と鍵盤楽器などの二つの楽器で奏されますから、「トリオ」［「三重奏」とも訳されます］といっても、この場合は四人の奏者によって演奏されることになります。

こうした編成の音楽では、二本の旋律声部がたがいにからみ合い、それを支える通奏低音もきわめて旋律的で、もはや単なる伴奏などではありません。言いかえれば、それらの三つ声部の間に対位法的な関係が生じているのです。バロック時代はルネサンスの対位法を否定するところからはじまったのですが、いまや対位法が新たな形をとって復活します。それは、低音旋律が支える和声の進行に基づきつつ、器楽的な細かい動きに満ちた諸旋律の結合を統べる対位法です。

当時の器楽は、とくに北イタリアのボローニャを中心とする地域で、マウリツィオ・カッツァーティ［一六二〇頃～七七］などの手によって発展し、形式が整えられていきました。カッツァーティより一世代下のアルカンジェロ・コレッリ［一六五三～一七一三：ボローニャの近くで育ち、ローマを中心に活躍］の独奏ソナタやトリオ・ソナタは、当時の室内楽の完成された姿をよく映しています。

これらのソナタは、大きく二種類に——すなわち、「教会ソナタ」と「室内ソナタ」に——分けられます。後者は、舞曲のリズムによる楽章を含むもので、それに対して、前者は、教会でも演奏し得るものです（舞曲のような世俗性の強いものは、教会という神聖な場にはふさわしくないので、含まれていません）。コレッリの教会ソナタは、たいてい急‐緩‐急‐緩という対照的なテンポの四つの楽章から成っていて、終楽章には、対位法的な模倣技法を駆使したフーガがみられます。こうした形は、それ以後のトリオ・ソナタの規範になりました。

オーケストラの音楽：コンチェルト（協奏曲）

コレッリは、一六八〇年代に、「コンチェルト・グロッソ」［字義通りには「大協奏曲」の意ですが、「合奏協奏曲」と訳されています］を作曲します（《合奏協奏曲集》作品六［一七一四出版］）。それは、いわば、トリオ・ソナタに弦楽オーケストラを加えて拡大したような編成の音楽です。つまり、トリオ・ソナタの弦楽器（二本のヴァイオリンとチェロ）を一つの独奏者グループとして、弦楽オーケストラに対峙させることで、コレッリは、それらの間の対比と協調を活用した「コンチェルト」すなわち協奏曲（前にお話しした「コンチェルト」というものの原理を想い出してください）を生みだしたのです。

なお、トリオ・ソナタの通奏低音のもう一人の奏者(鍵盤楽器)は、協奏曲では独奏者という役割ではなく、オーケストラ演奏の部分も含めた音楽全体の支えとして曲全体を通じて演奏し続け、多くの場合、実質的に指揮者の役割を果たしていました(自分では音を出さずにタクトを振って指示を出すこんにちの形の指揮が一般的になるのは、古典派以後、一九世紀初期からのことです)。

「コンチェルト」という用語は、初期バロックでは主として宗教的な声楽曲のことを指していたわけですが、この時期には「協奏曲」を意味するようになります。そして、コレッリに続く他の作曲家たちによって、独奏者の人数も種類もさまざまに異なったたくさんの協奏曲が書かれるようになります。最初の独奏協奏曲(つまり、独奏者が独りしかいない協奏曲)は、一六九〇年代初めにジュゼッペ・トレッリ［一六五八～一七〇九：ボローニャで活躍］によって書かれたといわれています。

たいへんな多作家であったアントニオ・ヴィヴァルディ［一六七八～一七四一：おもにヴェネツィアで活躍］は、何十曲ものオペラに加えて五〇〇曲近くもの協奏曲を書いています。その三分の二ほどは独奏協奏曲です(独奏楽器は、おもにヴァイオリンですが、いろいろな管楽器や、マンドリンといったものまであります)。例えば、一七二五年に出版された《和声(調和)と創意の試み》作品八は、一二曲のヴァイオリン独奏協奏曲から成る曲集で、とくにその最初の四曲は、《四季》として親しまれています。

それらの曲の形式には、トレッリの協奏曲あたりにはじまって一般的な定型になっていった二つの特徴がよくあらわれています。その一つは、協奏曲全体が、三楽章(急-緩-急)で構成されていること。これは、当時のオペラの序曲の形式に準えたものです。そしてもう一つの特徴は、テンポの速い楽章が、一定の形式構造の枠のなかに収まっていることです。つまりそれは、楽章の冒頭でオーケストラの総奏で弾かれる主題が、独奏者による部分と交替して、何回か(異なった調で)戻ってくるという形式です――この戻ってくる総奏を「リトルネッロ」〔「(小規模な)再帰」の意〕と言い、そこから、この形式を「リトルネッロ形式」と呼んでいます。

なお、当時のオーケストラの音楽としては、協奏曲の他に、オペラの序曲、そして組曲(いろいろな舞曲の楽章で構成されています)があります。

こうして器楽は、作曲家たちの大きな関心を集めて、規模を拡げ、いまや、声楽とならんで、宮廷の音楽になくてはならない存在として認められるようになったのです。

(七) 諸国のバロック

さて、一七世紀初期に、イタリアでの新たな音楽がドイツに伝わったことは、すでにお話ししました。少し遅れて、他の国々にも、この新たな音楽傾向の影響があらわれるのですが、そのようすは、国によって少しずつ異なっています。

イギリス

イギリスでは、オペラはなかなか受けいれられませんでした。イギリスの一七世紀は、清教徒革命から名誉革命へと、国王と議会の対立に明け暮れた不安定な時代でしたから、王宮や貴族も富裕な市民も、大規模なオペラといった豪華な催しを支える余裕はなかったのでしょう。しかし、さらに重要な要因は、この国に、シェイクスピアに象徴されるような演劇の強い伝統があったということです。つまりそこには「音楽劇」への、さし迫った欲求がなかったのです。

もちろん、演劇においても音楽は重要な役割を担っています。とはいえ、演劇の台詞は語られるのであって、歌われるのではありません。イタリア・オペラのように台詞の言葉を引き延ばして歌ってしまうと、演劇の劇としての緊張感のある構成とその効果が薄まってしまうでしょう。

一七世紀のイギリスの宮廷では、「マスク」（舞踊(ぶよう)、歌と語り、器楽、手のこんだ舞台装置や衣裳による、一種の舞台演芸）が流行していました。そこではたいていの場合、イギリスのいろいろな作曲家の音楽がまぜて使われていました。ジョン・ブロウ［一六四九〜一七〇八］の《ヴィーナスとアドニス》［一六八三頃：古代ローマの詩人オウィディウスの『変身物語』の一節に基づいた神話物語］は、「国王をおなぐさめするためのマスク」という副題をもっていますが、実質的にはオペラといえるもので、イギリスのマスクの伝統に沿いながらも、アリアやレチタティーヴォにはイタリアの影響が、そして、序曲にはフランスからの影響がみられます。

その数年後には、ヘンリー・パーセル〔一六五九～九五〕が、《ダイドーとイーニアス》〔一六八九：古代ローマの詩人ウェルギリウスの『アエネーイス』の一節に基づいた物語〕によって真にイギリス的なオペラを実現します。パーセルはそこで、諸国からの影響を自らのものとし、さらに、半音階的なひねりをちりばめた表現的な和声を駆使して、英語の歌詞にふさわしい歌の旋律やレチタティーヴォ、そして、合唱を巧みに活用しています（イギリスには、ルネサンスのマドリガル以来、高度な合唱の伝統が根づいていました）。しかし、じつのところ、この作品はパーセルの唯一のオペラで、しかも、女子寄宿舎学校で上演するために作曲された例外的なものでした。

彼の他のいくつもの舞台音楽作品《妖精の女王》〔一六九二：シェイクスピアの『真夏の夜の夢』に基づいています〕や、《インドの女王》〔一六九五？：ドライデンの戯曲上演のための音楽〕など）は、基本的には、語りによる台詞をもつ演劇のための音楽です。ただし、台詞が歌われないことを除けば、オペラとほとんどかわらないので、それらはこんにち「セミ・オペラ」（準オペラ）と見なされています。パーセルはまた、トリオ・ソナタなどの器楽曲にも優れた作品を遺しています。

ところで、この時代のイギリスで起こった注目すべきできごとがあります。それは、公共演奏会のはじまりです。一六三〇年代末にイタリアで公共オペラ劇場が誕生したことはすでにお話ししましたが、演奏会（宮廷であっても、他の催しであっても）については、どこの国でも、招待客のためのものでした。

しかし、一六七〇年代のロンドンで、そうした状況に変化がおこります。宮廷や劇場のために集められた大勢の優れた音楽家たちは、王宮の資金不足のために十分な待遇を得られず、補助的な収入が必要になり、またそれと同時に、中流階級市民の音楽への関心が高まったことが相まって、聴衆の入場料でまかなわれる商業的な公共演奏会（入場料を払えばだれでもが聴ける演奏会）がはじまります。やがて、こうした傾向は他の国々に広がり、パリでは一七二五年に、ドイツの主要都市では一七四〇年代には、公共演奏会が開かれるようになります。これによって、音楽を支える社会的な基盤が、王侯貴族や教会から市民へと緩やかに変化しはじめたのです。

フランス

ルイ王朝の専制的な絶対王政の下で咲き誇った華麗な王宮文化における音楽は、なによりもまず、「貴族の優雅な楽しみ」としてあるべきもので、そこでは、洗練された気品の高い均整と典雅（言いかえれば、「古典的な美」）が尊重されました。こうした嗜好は、バロック的な激しい表現性――つまり、対比や誇張を多く用いた劇的な表現――とは相いれないものです。ですから、フランスの音楽家たちが、イタリアの新たな音楽傾向をすぐには受けいれず、極端な行き方を避けたのは、とうぜんのことだったといえるでしょう。

ドイツで歓迎されたイタリア・オペラは、フランスでは成功しませんでした。そのおもな理由としては、いまお話ししたような嗜好のちがいの他に、フランスの王宮ではバレエ(「宮廷バレエ」)が大きな行事のたびに作られるほどに流行していたこと、そして、コルネイユやラシーヌに象徴される演劇の伝統が強かったことがあげられるでしょう。イギリスの場合に似て、フランスには、オペラというものの必要性が薄かったのです。とはいえ、イタリアでのオペラに刺激されて、やがて一六七〇年代初頭には、フランス的に換骨脱胎(かんこつだったい)されたオペラが生まれます。

ジャン＝バティスト・リュリ〔一六三二～八七：彼はイタリア人ですが、若くしてフランスに移住みました〕は、たくさんの宮廷バレエと王室礼拝堂のための宗教音楽とともに、一五曲ほどの「音楽悲劇」〔リュリは、自らのフランス風オペラのことをそう呼びました〕を作曲しています。演劇が尊重されていた当時のフランスにあっては、オペラの台本にも高度な文学性が求められました。

リュリは、《アルセスト》〔一六七四：古代ギリシアの詩人エウリピデスの『アルケースティス』に基づく〕や《アルミード》〔一六八六：タッソの『解放されたエルサレム』に基づく〕をはじめとするオペラで、詩人のフィリップ・キノ〔一六三五～八八〕が古代の物語を翻案して書いた台本を用いています。

そこでは台詞の文学性が大切なのですから、それを歌い語るレチタティーヴォでは、強い感情表現性よりも、フランス語の言葉が自然に聞きとれることに、より大きな配慮がなされています。それは、同時代のイタリア・オペラのレチタティーヴォよりも滑らかで、少し旋律的ですが、その一方で、アリア［フランス語では「エール」］は、レチタティーヴォとの均整を図るかのように、歌唱的な旋律性がややひかえめで、短めです。

これらのオペラのもう一つの大きな特徴は、オーケストラでオペラのはじめに演奏される序曲の形式にあります（それは、彼がすでに宮廷バレエでも用いていた形式です）。それは、二つの部分でできています。最初の部分は、ゆっくりとした厳かなテンポで、王の威厳を表すような付点音符のリズムを特徴としています（国王が臨席する場合は、その入場のときに奏されます）。次に、速いテンポの、たいていは対位法的な模倣技法を含んだ部分がきます。そして、ときには、最初の部分が再び奏されます。こうした形式は、「フランス風序曲」として知られるようになり、他の国々の作曲家たちもそれを踏襲して作曲するようになりました。

リュリは、ルイ一四世に巧みにとり入り、ライバルとおぼしき作曲家を排除して、宮廷でのオペラの独占権を手にしました。そして、彼のオペラは、作曲者の死後一世紀近くにもわたって、フランス革命前夜まで上演され続けることになるのです。リュリの後、マルカントワーヌ・シャルパンティエ［一六四三～一七〇四：おもに宗教曲の作曲家として知られています］やマラン・マレー［一六五六～一七二八：ヴィオールの名手で、その楽器のための作品がよく知られています］といった作曲家たちもオペラを書いていますが、その成功はごく限られたものでしかありませんでした。

リュリの独占がおびやかされるのは、一七三〇年代に入ってから、もう五〇歳を越えていたジャン＝フィリップ・ラモー〔一六八三～一七六四〕がようやくオペラの作曲に着手しはじめてからです。大きな成功を収めた《イポリートとアリシー》〔一七三三：ギリシア神話に登場するヒッポリュトスとアリキアの物語〕や《カストールとポリュックス》〔一七三七：ギリシア神話に登場する双子の兄弟の物語〕といった作品に代表される彼のオペラは、リュリの伝統の上に立っているのですが、リュリの信奉者や当時のイタリア・オペラの支持者からは、あまりに複雑で、とくに和声に重きを置きすぎて不自然だ、と批難されました。しかし、ラモーのオペラの大きな魅力と価値は、まさにそのような音楽的密度の高さにあります。そしていずれにせよ、彼への攻撃は、たぶんに政治的な背景をもつ論戦だったのです。

ラモーは音楽理論家としても知られていて、その著書『和声論』〔一七二二〕は、当時の音楽の基本的な組織構造の前提となっていた調性の和音と和声というものの原理を、科学的根拠に基づいて理論的に組織化する試みでした（彼がそこで提示した考え方は、それ以後の和声理論のよりどころになり、その影響は遠くこんにちにまで及んでいます）。こうした理論的主張は、彼の音楽が和声を過大視して自然な旋律性を欠いているといった攻撃を受ける一因にもなったでしょう。

ラモーはまた、オペラを手がける前の時期に、クラヴサン〔「ハープシコード」のフランス語名〕

の独奏曲もたくさん作曲しています。それは、バロック時代のフランス音楽を特徴づけるジャンルのひとつであるクラヴサン独奏曲の伝統の上に立つものです。

この鍵盤楽器独奏曲の伝統は、一七世紀半ば少し前に、優れたクラヴサン奏者であったジャック・シャンピオン・ド・シャンボニエール［一六〇一または二～七二］が、当時のリュート独奏曲から影響を受けて書いた諸作品——それらは、たくさんの細かい装飾音に飾られた繊細で典雅な装いの舞曲です——にはじまり、ジャン・アンリ・ダングルベール［一六三五～九一］やフランソワ・クープラン［一六六八～一七三三：同じ苗字の他の作曲家と区別するために、「大クープラン」と呼ばれることもあります］といった作曲家たちが受け継ぎました。

ヴェルサイユ宮殿礼拝堂のオルガン奏者であったクープランは、オルガン曲やトリオ・ソナタなどの室内楽曲とともに、とくにクラヴサン独奏のための組曲（彼は自らの舞曲組曲を「オルドル」と呼びました）を数多く作曲しました。それらは抽象的な舞曲なのですが、その多くには、宮廷風の気どった謎かけのような（例えば「神秘的な障壁」といった）題名がついています。

一八世紀になって、クープランやラモーをはじめとする作曲家たちは、イタリアのバロック音楽を受けいれつつ、前世紀以来のフランスの伝統の上に独自の音楽様式を磨きあげたのです。

ドイツ

シュッツによってイタリアの新たな傾向が早々とドイツ語圏に伝えられたことはすでにお話ししました。その後もドイツには、外国の新音楽様式が流入し続けます。例えば、ゲオルク・ムファット［一六五三～一七〇四］は、一六八〇年代から一七〇〇年代初頭にかけて、トリオ・ソナタや合奏協奏曲でコレッリの様式を、そして、オーケストラ組曲でフランスのリュリの様式（つまり、「フランス風序曲」）を、ドイツの地にもたらします。こうしてドイツでは、他の国々の様式に倣い、あるいはそれらをまぜ合わせて、さまざまな種類の音楽が作曲されました。

そうした中でも際立っているのが、ルター派の教会音楽として書かれたたくさんのオルガン曲、すなわち、フーガや、いわゆる「コラール前奏曲」などです（「コラール前奏曲」はもともと、礼拝で会衆が歌うコラールのための前奏を意味していましたが、やがて、コラール旋律に基づいてそれに豊かな装飾を加えて作られたオルガン曲全般の呼称になりました）。

ヨハン・パッヘルベル［一六五三～一七〇六：中部ドイツのニュルンベルクで活躍］のオルガン曲は、歌のようになめらかな輪郭をもつ旋律と、フーガ的な模倣対位法に特徴があります。また、かつてハンザ同盟の盟主として栄えた北ドイツの都市リューベックの聖マリア教会のオルガン奏者という名誉ある席に就いたディートリヒ・ブクステフーデ［一六三七～一七〇七：彼はまた、独唱と合唱を含む（基本的にはイタリア的な）教会コンチェルトなども作曲しています］のオルガン作品（とくに「前奏曲とフーガ」)は、スヴェーリンクとシャイトの伝統を受けて、そこからさらにオルガンという楽器の性能を最大限に活かした、動的なエネルギーに満ちた響きの奔流を作りあげています。

そして、このブクステフーデから強い影響を受けたのが、ヨハン・ゼバスティアン・バッハ〔一六八五〜一七五〇〕です——生前のバッハは、作曲家としてよりもむしろオルガン奏者として(とくに即興演奏の名手として)知られていました。一七〇五年、二〇歳だったバッハは、はるばる三〇〇キロ以上も歩いてブクステフーデの演奏を聴きに行った、と言い伝えられています。

ブクステフーデがそうであったように、当時の北ドイツの敬虔主義的なルター派(主観的、感情的、神秘主義的な、熱烈な信仰心を特徴としていました)の精神的土壌のうえで育まれたバッハのオルガン曲は、その壮大で圧倒的な響きによって、しばしば、聴く人を宗教的な恍惚に導きます。そして、バッハは、オルガン音楽のみならず、オペラを除くあらゆる種類の音楽を手がけ、それらを精緻な対位法で磨きあげて、バロック末期の北ドイツの音楽に最も大きな輝きをもたらしたのです。

バッハは、同年生まれのヘンデルとは対照的に、生涯ドイツに留まり、ヴァイマールとケーテンの宮廷に仕えた後、一七二三年から没するまでライプツィヒの聖トマス教会の楽長を務め、また「コレギウム・ムジクム」〔「音楽協会」の意〕の指揮も行いました(「コレギウム・ムジクム」とは、音楽の演奏と鑑賞を愛好する中産階級の市民団体で、ドイツの多くの都市に見られましたが、とくに作曲家ゲオルク・フィリップ・テレマン〔一六八一〜一七六七〕によって一七〇一年にライプツィヒに設立された協会がよく知られています)。

バッハは、宮廷やコレギウム・ムジクムのために、オーケストラ曲――すなわち、ブランデンブルク辺境伯(へんきょうはく)に献呈(けんてい)した六曲の合奏協奏曲〔一七〇八〜二一頃:「ブランデンブルク協奏曲」と呼ばれています」をはじめとする協奏曲や組曲――、そして、室内楽曲(ソナタ)、さらに、独奏曲――例えば、ヴァイオリンやチェロのための独奏曲、そして、ハープシコードのためには、有名な《平均律クラヴィーア曲集》二巻〔一七二二と一七四〇頃:それぞれの巻は、二四組(すべての長・短調に一組ずつ)の前奏曲とフーガから成っています。なお、「クラヴィーア」は鍵盤楽器という意〕や組曲など(これらの鍵盤楽器独奏曲は、主として、彼の息子や弟子たちの教育用に作曲されたものです)――といった多くの器楽曲を書き、その一方でまた、教会のために、たくさんのオルガン曲や宗教的な声楽曲(カンタータ、受難曲、ミサ曲など)を作曲しました。

ところで、カンタータ〔「歌われるもの」の意〕は、もともと、一七世紀前期のイタリアで独唱マドリガーレの流れをくんで書かれはじめた形式です。それは主としてレチタティーヴォやアリアの組み合わせから成っていて、たいてい物語的な(あるいは劇の一場面を表す)性格の歌詞をもち――その内容には、世俗的なものも宗教的なものもあります――、貴族の館での私的な楽しみとして演奏されました。チェスティやカリッシミといったイタリアの作曲家たちによって書かれた初期のカンタータの音楽様式は、当時のオペラのそれによく似ています(ただし、舞台や演技を伴いません)。

つまり、オラトリオの場合と同じように、カンタータも、その時代のオペラの音楽に寄りそって発展したのです。その意味で、宗教的なカンタータとオラトリオは、たがいによく似た形式です。強いて違いをあげるとすれば、カンタータにははっきりとしたテスト(語り手役)のパートがなく、また全体としてオラトリオよりもやや小規模だということでしょう。

バッハが教会の礼拝のために書いた二〇〇曲もの「教会カンタータ」では、そうしたオペラ的な音楽と、シュッツからブクステフーデへと連なってきたプロテスタント教会の宗教的なコンチェルトの伝統とが、みごとに融合されています。そのようなバッハの宗教的声楽曲の様式の最も完成された姿は、《マタイ受難曲》[一七二七(一七二九改訂(かいてい))]に見ることができます。「受難曲」とは、新約聖書の福音書(ふくいんしょ)(この曲の場合には、「マタイによる福音書」)に基づいたキリスト受難の物語を音楽化した曲で、バッハの受難曲は、実質的には、オラトリオです。バッハは、オペラを作曲しませんでしたが、オラトリオとオペラの間の歴史的な深いつながりを考えれば、もし彼がオペラを書いていれば、おそらくこのような音楽になっていただろうと想像できるのです。

バッハは、音楽の劇的性質と感情表現性に不断の関心をはらっていたようです。その意味で彼は、まさにバロックという時代の音楽精神を体現した作曲家の一人でした。バッハがしばしば、いわゆる「情感の理論」を意識して作曲していたことが、彼の音楽を分析したこんにちの研究者たちによって指摘されています。

その理論とは、特定の旋律音型などによって、歓びとか怒りといったような特定の感情を聴く人の心に喚起できるとする考え方に基づいた作曲のやり方の一種です。もっとも、ここでの「感情」とは、個人の具体的な感情ではなく、いわば、「歓びというもの」とか「怒りというもの」というように一般化された感情の類型です。こうした理論は、デカルトの心理学の影響の下に一八世紀に入ってから明確に唱えられるようになり、バッハを含めて、当時の多くの作曲家や理論家がそれに強い関心を寄せました。

そうした感情表現への関心の一方で、バッハは、音楽を音の抽象的な構造物として作り上げることにも力を注いでいます。つまり、彼の作品の多くは、劇的・感情表現的であると同時に、卓越した対位法技術を駆使して築かれた、精緻な「音の建築」でもあるのです。

とくに、ひじょうに手のこんだフーガやカノンを中心にすえた晩年の作品――《音楽の捧げもの》〔一七四七年にプロイセンの王フリードリヒ二世を訪れた際に、王から与えられた主題によって即興で演奏したフーガを後に書き記し、さらに曲を書き加えて作られた曲集〕や、《フーガの技法》〔一七四九〜五〇（絶筆、未完）〕など――は、対位法技法そのもの（言いかえれば、音の建築技術そのもの）を探究して作曲された音楽のようにさえ見えます。それらの作品でのバッハは、抽象的な「音の伽藍」を探究したかつてのルネサンスの作曲家たちの姿勢に立ちかえっている。そう言えるかもしれません。

当時の人々の耳には、バッハのそうした音楽は、あまりに技巧的で、不自然に複雑で、古風なものに聴こえたようです。一八世紀半ばの人々の関心は、簡明で優雅な音楽に向かっていたのです。バッハの音楽は、時代の変化とは反対の方向を向いていて、あまり支持されませんでした。

バロック時代の最後に屹立（きつりつ）するこのドイツの作曲家が遺した音楽に深遠（しんえん）な価値が見出され、広く認められるようになるのは、彼の死後半世紀以上もの時を経て、一九世紀の人々が別の観点でそれを見なおしはじめてからのことだったのです。

第 4 章

芸術としての音楽
――古典派、ロマン派、モダニズム
（18 世紀後期～ 20 世紀）

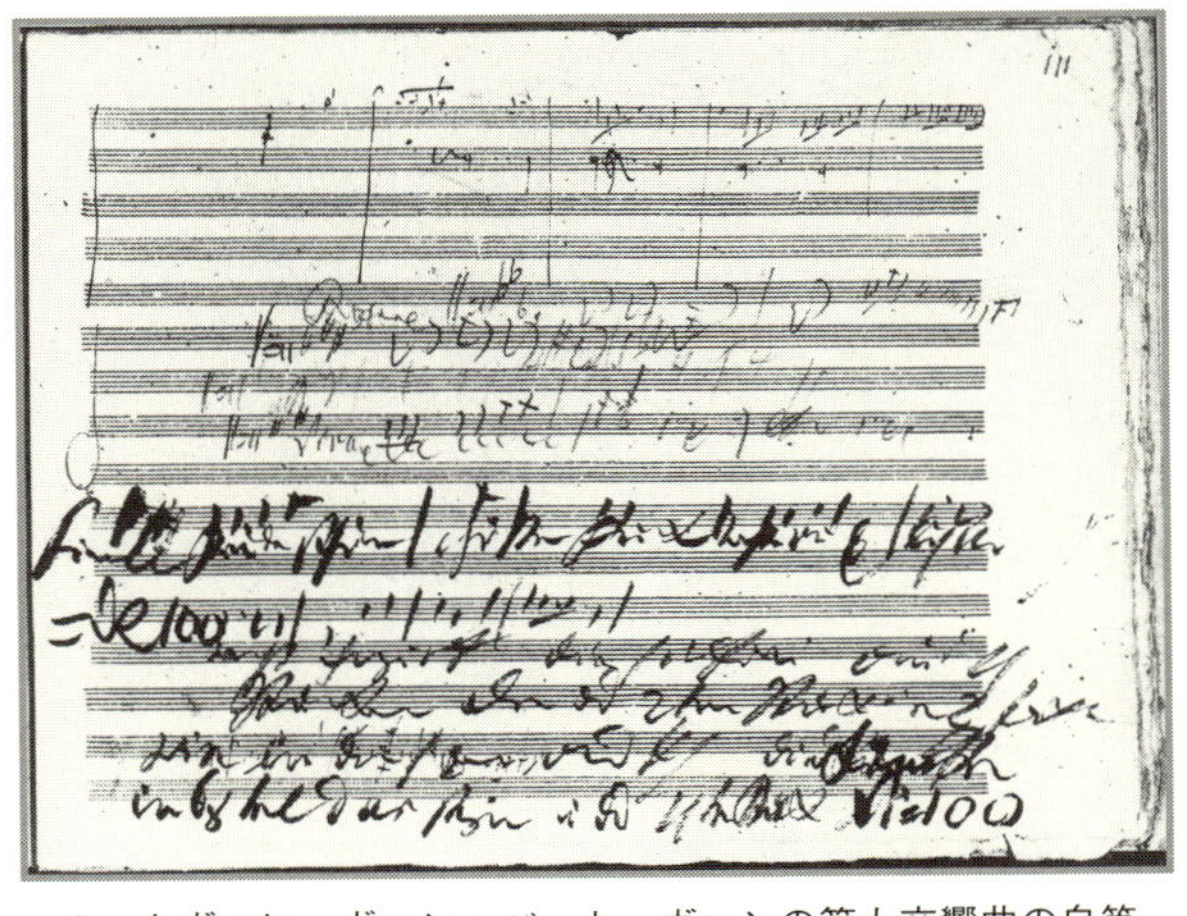

ルートヴィヒ・ヴァン・ベートーヴェンの第九交響曲の自筆スケッチ

こんにちの私たちは、ふつう、英語やフランス語のart(イタリア語やスペイン語のarte、ドイツ語のKunst)という言葉を、「芸術」と訳しています。しかし、バロック以前の時代では、この言葉は、おもに、「術(わざ)」を意味するものでした。つまり、美しく立派なものを作る「技術」ということです(バッハの*Die Kunst der Fuge*という作品名が「フーガの芸術」ではなく「フーガの技法」と訳される理由はここにあります)。

では「芸術とは何か?」と問われると、簡単には答えられません。それをはっきりと説明することはとても難しいのです。とはいえ、私たちは、「芸術」について、漠然(ばくぜん)とではあってもある程度共通のイメージを抱いています。つまり、「芸術」は、「美」という普遍的な価値の追究であったり、人間の(あるいは作者自身の)精神と感情の表現であったり、いろいろではあるけれど、いずれにせよ、高尚(こうしょう)で深遠(しんえん)なもの。私たちはそう考えています。

こうした考え方は、一八世紀半ばごろに成立した芸術概念に基づいています。この概念は成立するとすぐに、それ以前の時代の文化を考える場合にも拡大(かくだい)して適用されるようになり、やがて、「古代の芸術」、「中世の芸術」といったいい方が普通にみられるようになります。こんにちの私たちは、遠い過去の文化をみるときにも、しばしば、この近代の芸術概念というメガネを通して眺めているわけです。

　さて、こうした芸術概念の下では、作曲家は、もはや、単に優れた技術をもつ「職人」ではなく、深くて高い意味合いをもつ「芸術作品」の創造者（「芸術家」）であり、その意味で、音楽文化を牽引する英雄的な存在と見なされるようになっていきます。

　一八世紀半ばからほぼ二世紀にわたって、作曲家たちは、芸術音楽作品の創造に邁進しました。その創造の探究の結果、音楽の様式は多様に変化し続けます。そうした音楽様式の変化に応じて、この期間の音楽の歴史を、古典派、ロマン派、二〇世紀といったように区切って記述することが通例になっています。しかし、そうした変化の流れの底には、一貫して、「芸術としての音楽」という一定の考え方の堅固な土台があります。中世が「言葉の乗りものとしての音楽」を、ルネサンスが「言葉を収める伽藍としての音楽」を、そしてバロックが「音楽の劇場」の実現をめぐって展開したのだとすれば、芸術の概念が確立した一八世紀後半からその概念が崩壊する一九七〇年代までを、「芸術としての音楽」を追究した時代として一つに括って考えることができるでしょう。

（Ⅰ）古典派

（18世紀後期）

18世紀後期の鍵盤楽器協奏曲の演奏のようす

（一）バロックから古典派へ

新たな感性

一八世紀に入ってしばらくしたころ、ドイツの音楽理論家・作曲家ヨハン・マッテゾン［一六八一〜一七六四］は、その著書の一冊（『オーケストラの探究』［一七一三］）で、当世ふうの音楽を「ギャラン」［フランス語で「艶美な」の意。日本では英語ふうに「ギャラント」と記すのが慣例になっています］という言葉を使って称賛し、さらに、「ギャランな人」として、ヴィヴァルディ、アレッサンドロ・スカルラッティ、テレマン、自らの親しい友人でもあったヘンデルをはじめとして、当時活躍中の一〇人ほどの名前をあげています。それらはおもに、イタリア・オペラの作曲家たちです。

つまり彼がそこで称揚しているのは、あくまでも優美な旋律を中心にした、艶やかに美しく、軽やかでしゃれていて、心地よい、わかりやすい音楽——よい趣味のもち主であればだれでも容易に楽しめる音楽——なのです。バロックの音楽精神が生みだしてきた誇張表現に満ちた劇的な音楽(すなわち、「いびつな真珠」)とは対照的な、またバッハの複雑な対位法の重苦しさとも無縁の、瀟洒に整った、耳に自然に響く音楽が、当時の流行の最先端でした。そうした好みは、不合理なものを排除した理性の明るい光の中にこそ人間の未来があると(楽観的に)考えた、当時の「啓蒙主義思想」の反映でもあったでしょう。

この時代のフランスの著名な知識人のひとりであったジャン＝バティスト・デュボス〔一六七〇～一七四二〕は、『詩画論』〔一七一九〕の中で、絵画が自然を模倣するのと同じように、音楽は「結局のところ、自然それ自体の情感と感情が表れている音を、模倣するのだ」と述べています。音楽による感情の表現を重視している点では、この考え方は目新しいものではありません。

しかし、バロックでは、詩、物語、宗教的な言葉(歌詞)に表れている感情を音楽によって強めて表現することに重きが置かれていました。それに対して、ここで言われているのは、「自然」を音で模倣することです。ただしそれは、単に、小鳥のさえずりや吹き荒れる嵐の雄叫びといった具体的な音の描写ではなく、人(作曲者)の心に鏡の像のように映しだされた「自然」——理想化された自然——というものの情感または感情を模倣することなのです(後にベートーヴェンが自らの交響曲第六番「田園」［一八〇七〜〇八］について書いた説明——「田園の想い出」の「(絵画的)描写というよりもむしろ感情の表出」——には、こうした考え方が受け継がれています)。言葉による表現を介さずに、自然なしかたで「自然」の情感を模倣するには、言葉(歌詞)を必要としない器楽が適している。そう考えることもできます。

交響曲の誕生

ギャランで「自然な」表現の音楽という考えに基づいた新しい音楽を本格的に推進したのは、マッテゾンがあげた作曲家たちの次の世代、すなわち、ジョヴァンニ・バッティスタ・サンマルティーニ［一七〇〇または〇一〜七五：ミラノの聖アンブロジオ教会楽長］、ヨハン・シュターミッツ［一七一七〜五七：ボヘミア出身でドイツのマンハイムの宮廷楽長］、カール・フィリップ・エマヌエル・バッハ［一七一四〜八八：ヨハン・ゼバスティアン・バッハの次男。ベルリンやハンブルクの宮廷楽団員］と、ヨハン・クリスティアン・バッハ［一七三五〜八二：バッハ家の末息子。ロンドンの楽界で活躍］などをはじめとする一八世紀生まれの作曲家たちでした。その新しい音楽を象徴する形式ともいえるのが、「シンフォニア」［ギリシア語の「共に響く」という意味合いからきた呼び名］、すなわち「交響曲」です。

じつは、バロック時代以来、オペラの序曲のことを「シンフォニア」と呼んでいて、一八世紀初めごろには、それはたいてい三楽章構成(急－緩－急)で書かれるようになっていました。そして、おそらく一七二〇年代末に、サンマルティーニが、オペラとはかかわりのない、演奏会用のシンフォニア(つまり、交響曲)を作曲し始めます。それを皮切りに、ミラノだけでなく、当時随一と謳われたオーケストラを有していたドイツのマンハイム、ベルリン、ロンドン、ヴィーン(この地のおもな作曲家としては、ゲオルク・マティアス・モン〔一七一七～五〇〕などがいました)、そして、パリ(ベルギー出身のフランソワ＝ジョゼフ・ゴセック〔一七三四～一八二九〕が活躍しました)、といったヨーロッパ各地の音楽の中心地でも、多くの作曲家たちがさかんに交響曲を書くようになります。最近の研究によれば、一七二〇年代から八〇年ほどの間に、一万二〇〇〇曲を超える交響曲が作曲されたそうです。

オーケストラという楽器

交響曲は、言うまでもなくオーケストラのための音楽です。当時のオーケストラは、現代のものに比べるとかなり小規模でした。弦楽合奏(第一、第二ヴァイオリン、ヴィオラ、チェロ、コントラバスが、それぞれ数人ずつ。ただし低音楽器は人数が少ない)が主体で、管楽器は、もし含まれているとしても、オーボエ(多くの場合、二本)、そしてときにはフルートかファゴット(またはその両方)が加わる程度です。ちなみに、オーケストラの中にホルンが普通にみられるようになるのは一七六〇年代、クラリネットの導入はさらにその一〇年ほど後のことになります（ゴセックは一七七〇年代に、またモーツァルトも八〇年代後期にはクラリネットをとり入れています）。

交響曲では、これらの楽器が「共に一つになって」演奏するという点がとても重要なのです。バロック時代のコンチェルトを特徴付けていた楽器間（または楽器群間）の競い合いや対比といったものは、そこにはありません。

もちろん、この時代にも、そしてそれ以降も、コンチェルト（つまり、協奏曲）は書き続けられます。しかしいまや、協奏曲は、独奏者とオーケストラがおたがいに張り合うような音楽ではなく、むしろ、一人の独奏者中心の音楽になりました。つまりそれは、一人の奏者がオーケストラの頂に立って、オーケストラの豊かな響きの織物と共に、超絶演奏技巧にあふれた独奏によって聴く人の耳を魅了する音楽なのです（独奏者が二人、あるいは三人の協奏曲は、例外的なものとして、それぞれ二重協奏曲、三重協奏曲と呼ばれるようになります）。

新たな嗜好にそくした音楽では（交響曲でも協奏曲でも）、オーケストラは、たくさんの異なった楽器の複合から成る「一つの楽器」なのです。

音楽の変貌と通奏低音の衰退

さて、そうした「楽器」が奏でる音楽の中心は、上声部（たいていは第一ヴァイオリン）で優美に歌われる一本の旋律です。かつて、ルネサンスの対位法を否定してバロックのモノディー様式がはじまったように、こんどは、一世紀以上を経て複雑さを増してきたバロック音楽のこみ入った表現(当時の人々には、あまりに「人工的」な技巧に走っていると感じられた表現法)が退けられて、再び、一本の旋律を主体にした音楽が求められました。明晰でわかりやすい音楽こそが人の心を動かす。人々はそう考えるようになったのです。

この「わかりやすさ」とは、言いかえれば、不自然でないことです。ですから、同じように一本の旋律を中心とする音楽であっても、歌詞に表れた感情表現を強めるために意外な音程の跳躍や不安定なリズムを活用したバロックのモノディーの旋律とはちがって、ギャランな旋律は流麗で、音の動きもリズムもあくまで心地よい(つまり、自然な)均整と安定を保っています。

明快さを大切にするこうした傾向は、旋律を支える和声の土台である低音のパートにもあらわれています。バロックの通奏低音は、和声のよりどころであると同時に、高声部の旋律と対照的な低い音域にあって、主旋律と対位法的に対峙する一つの独立した低音旋律声部でした。

それに対して、新しい音楽での低音は、その音楽の主役である上声部の旋律を支える柱のような和音の連なりの土台であることに徹していて、もはや独立した旋律声部としての性格をほとんどもっていません。この低音(「和声的低音」)の役割は重要で不可欠ですが、それは言わば、主役を支える蔭の存在です。こうして通奏低音は、ギャランな様式の音楽が登場してバロック時代が終焉をむかえると、音楽の構造の基礎としての実質的な役割を終えます。

しかし、音楽が変わっても、通奏低音の演奏形態――すなわち、鍵盤楽器（ハープシコード）奏者が、他の楽器と一緒に低音パートと和声を弾くというやり方――は、すぐには廃れませんでした。オーケストラの演奏をリードしたのは、そうしたハープシコード奏者か、首席ヴァイオリン奏者でした。一八世紀末になっても、いまや音楽的には不要なはずのハープシコード奏者がオーケストラ演奏を率いることは普通だったのです。指揮棒だけを手にオーケストラの演奏を統率する指揮の形が本格的にはじまるのは、一八二〇年代になってからのことです。

(二) 後の時代に手本とされたもの：古典派の器楽形式

「古典派」という言葉は、後世の人々が、フランツ・ヨーゼフ・ハイドン［一七三二～一八〇九］、ヴォルフガング・アマデウス・モーツァルト［一七五六～九一］、ルートヴィヒ・ヴァン・ベートーヴェン［一七七〇～一八二七］と、その同時代の作曲家たちの音楽を指して言うようになった呼び名です。

一八世紀も最後の数十年間になると、瀟洒な優美さよりも、尊厳ある表現と整った形式が尊重されるようになります。とくに美術や文学の分野では、美術史家ヨハン・ヨアヒム・ヴィンケルマン［一七一七～六八］が著した『古代美術史』［一七六四］、そして、一八世紀末から一九世紀初頭にかけて、ヴィンケルマンの著書から強い影響を受けて古代ギリシアの芸術を模範とする高貴で普遍的な人間性の表現をめざした、ヨハン・ヴォルフガング・フォン・ゲーテ［一七四九～一八三二］やフリードリヒ・フォン・シラー［一七五九～一八〇五］に代表されるいわゆる古典主義文学が、そうした傾向を象徴しています。

この時期の音楽には、古典古代の影響が直接みられるわけではありませんが、それでも、気高い表現と均整のある形式が重視されるようになったという点では、音楽も、当時の他の芸術分野と古典主義的な精神を共有していたといってよいでしょう。とはいえ、ハイドン、モーツァルト、ベートーヴェンが古典派と呼ばれるようになったのには、彼らの音楽が古典主義的であるということとは別の理由があるように思えます(じつのところ、彼らの音楽すべてが古典主義的であるということでもないのです)。

つまり、この三人の作曲家たちの音楽は、その後に続いた一九世紀のロマン派の音楽家たちに、「模範」として受けとられ、手本とすべきもの、すなわち不朽(ふきゅう)の価値をもつ「古典」に位置づけられるようになったのです。後の作曲家たちは、芸術音楽の源流として常にこの三人の「古典」を意識し、そして、自らの個性的な作品を生みだすためにそれを乗り越えようとして格闘をくり返していくことになります。

「古典派」という呼び名の意味合いをそのように考えれば、サンマルティーニ、シュターミッツ、カール・フィリップ・エマヌエル・バッハ、クリスティアン・バッハといった作曲家たちが、現在でも、しばしば「前古典派」と呼ばれて「古典派」からいくらか区別されている理由がわかります。彼らは、ハイドンたちと多くの共通点をもつ新たな音楽の推進者だったのですが、後の時代の音楽家から手本（「古典」）と見なされることはありませんでした。それは多分、一九世紀の人々には、それらの作曲家たちの音楽を知る機会があまりなかったからでしょう。

一八世紀末以前の時代では、作曲家の死後にその音楽が演奏され続けることは稀でした。演奏されるのは、たいてい、そのとき宮廷や教会に仕えている作曲家の曲で、しかも一回の演奏だけで使い捨てということさえ少なくありませんでした。わずかな例外はあるにしても、作曲家が亡くなれば、たとえ楽譜が古文書館の片隅に残っていても、事実上その音楽は消え去り、忘れられていったのです。

しかし、一九世紀になると、音楽を支える社会的・文化的状況が変化して、作曲家の死後もその優れた作品が生き続けるようになります。一九世紀初頭に他界したハイドンは、当時、その名をとどろかす高名な作曲家でした。そして彼の音楽は、演奏され続け、聴かれ続けて、「古典」の地位に昇ることになったのです。

交響曲の成熟

ハイドンは、ヴィーンの近くで生まれ、生涯の長い時期にわたって、ハンガリーのエステルハージ侯爵に楽長として仕えました。当時の最高水準のオーケストラを有し、新たな音楽に支援を惜しまなかったその宮廷は、作曲家の仕事には理想的な場だったでしょう。

ハイドンは、おもにエステルハージ家からの求めにこたえて、また晩年に招かれたロンドンでの演奏会などのために、交響曲や協奏曲をはじめとするオーケストラ曲、弦楽四重奏曲などの室内楽曲、ピアノ曲、オペラ、オラトリオ(《天地創造》[一七九八]はとくによく知られています)、ミサ曲、歌曲など、あらゆる種類にわたる膨大な数の作品を作曲しました。

ハイドンが活躍していたのは、おりしも、産業革命の時代です。印刷技術の進歩のおかげで楽譜印刷のコストが下がり、楽譜出版業が飛躍的にさかんになって、一七八〇年ごろには、ハイドンの作品は出版楽譜を通じて広く知られるようになります。それによってハイドンは、彼自身が思っていた以上の大きな国際的名声を得ました。出版者にとって、ハイドンがどれほど商売になる作曲家だったかは、彼自身が知らないうちに曲が出版されてしまったり、あるいはまた、他の人の曲が「ハイドン作曲」として売られたりした事実からもうかがい知ることができます。

さて、ハイドンが遺したいろいろな作品の中で、後世に大きな影響を与えたという意味で歴史的にとくに重要な意味をもっているのは、交響曲と弦楽四重奏曲です。まず、交響曲についてお話しておきましょう。

ハイドンは、一七五〇年代後期から九〇年代半ばごろまで（つまり、作曲家としての生涯のほとんどすべての時期を通じて）、一〇六曲もの交響曲を書きました。初期の交響曲（最初の二七曲ほど）の多くは、三楽章から成っています。これは、当時のオペラのシンフォニア（序曲）の名残でしょう。とはいえ、かならずしも「急‐緩‐急」という順番で楽章がならんでいるとはかぎりませんし、また、各楽章の性格も、曲によっていろいろに異なっています。

しかし、一七六八年あたりを境目に、楽章の数は四つが標準になり、各楽章の性格にも一定のパターンがみられるようになります。すなわち、速いテンポの第一楽章（一曲の交響曲全体の中心となる楽章で、緩やかな序奏を伴うこともあります）、緩やかなテンポの第二楽章、第三楽章はメヌエット［三拍子の舞曲］の形式で書かれ（第二楽章と第三楽章が入れ替わることもあります）、そして最後に、速いテンポで軽い性格の終楽章が置かれるという構成です。

四つの楽章の中で最も重要な、曲全体の「顔」ともいえる第一楽章は、たいてい、きまった形式で書かれました。この「第一楽章形式」（ずっと後の一九世紀半ば過ぎに、この形式は「ソナタ形式」と呼ばれるようになります）は、基本的に二つの部分から成っています。

第一部分では、まず「主題」（中心となる楽想：「第一主題」といいます）が提示され、次に、別の調で（長調の曲であれば属調［五度上の調］で、短調の曲では平行調［同じ調号をもつ長調］で）新たな主題

（「第二主題」）が歌われます。そして第二部分では、調が不安定になり、前の部分で提示された主題が展開され、その後に最初の主題がもとの調（主調）で再現します――こんにちでは、第一部分は「提示部」、そして第二部分はさらに二つに分けて「展開部」と「再現部」と呼ばれています。

こうした形式は、一八世紀前期から多くの作曲家たちの音楽を通じて形成されはじめて、一七六〇年代にはその形がほぼ定まり、古典派の器楽曲（交響曲や協奏曲だけでなく、弦楽四重奏曲などの室内楽やピアノ・ソナタなど）の主楽章に、広く用いられるようになりました。とうぜん、ハイドンもその形式を用いたわけです。

こうしてハイドンは、楽章構成と、主楽章の形式の両面で、交響曲というものの構造の標準を敷くことになりました。そして、この標準の形が、その後長い間にわたってたくさんの作曲家たちに、交響曲の構造を枠づける基準として受け継がれていくことになります。

ところで、標準的な形を整えることによって、ハイドンの交響曲が単に型にはまった音楽になったと考えるとすれば、それは大きなまちがいです。彼のどの作品をとってみても、そこには標準的な構造の枠組みを巧みにあやつって聴き手の興味をひきつけ続ける、独特の工夫がさまざまに施されていて、一作品ごとにちがった新鮮さが感じられます。それは、「自然な」旋律でつづられ、聴き手にもなじみの標準的な形式の枠組みに収まった、誰の耳にもわかりやすい音楽です。

しかし、その音楽の自然なわかりやすさは、ひじょうに巧みな技術によって意図的に作り上げられたものなのです。前にお話ししたように、当時の芸術の大きな指針のひとつは、「理想的な自然」でした。ハイドンは、創意に満ちた技巧を駆使(くし)して、それをみごとに実現しています。

親しい仲間どうしの会話：弦楽四重奏曲

オーケストラの音楽である交響曲とならんで、室内楽の分野で古典派の器楽を特徴づけているのは、弦楽四重奏曲です。二本のヴァイオリン、ヴィオラ、チェロという編成の弦楽四重奏は、バロックの室内楽とはおもに二つの点で異なっています。第一に、すべての楽器が同属の弦楽器であるために、全体の音色と音質が同質的であること。そして第二に、通奏低音がないことです。つまり弦楽四重奏は、バロックの室内楽に遍(あまね)く見られた「対比」——異種楽器の間の音色の対比や、上声部と通奏低音の間の対位法的な緊張関係——とは無縁なのです。

弦楽四重奏は、いわば、四人の親しい仲間(同族の楽器)どうしの、音楽による会話です。つまり、おたがいに気心の知れた音楽愛好家たちが、自ら演奏して音楽的会話を楽しむ——そして、その場に居あわせた少人数の聴き手が演奏者たちとその楽しみを分かち合う——、そういった種類の音楽です。ですから、常に大勢の聴衆の前で演奏された交響曲とは異なって、弦楽四重奏曲が公共の演奏会で演奏されることは、少なくとも一八世紀にはめったにないことでした。

ハイドンは、一七五〇年代から晩年までにわたって弦楽四重奏曲を作曲し、交響曲の場合と同じように、一七六〇年代半ばごろには、四つの楽章から成るこの曲種の標準的な形式を固めます。そしてそれが、モーツァルトをはじめ、後の作曲家たちに受け継がれていきます。もっとも、当時人気のあった他の作曲家たちの中には、例えば、カール・ディッタース・フォン・ディッタースドルフ［一七三九〜九九：ヴィーンなどで活躍。ヴァイオリン奏者としても著名］や、イグナツ・プレイエル［一七五七〜一八三一：ヴィーン近くの出身。後にフランスに移り、ピアノ製作会社を設立したことでも知られています］のように、三楽章構成（急‐緩‐急）を好んだ人もいます。

ハイドンとモーツァルトの弦楽四重奏曲は、音楽的な質の高さにおいて、当時の他の作曲家たちの曲をはるかに凌駕（りょうが）しています。とはいえ、それらは常に高い評価をもって迎え入れられていたわけでもないようです。当時のある雑誌に掲載された匿名（とくめい）の批評は、次のように嘆（なげ）いています。

「［モーツァルトは］新たな創造者になろうとして、その技巧と真に美しい書法においてあまりにも高きを求めていて、感情も、心にとっても、ほとんど何ももたらしはしない。彼がハイドンに捧（ささ）げた新しい四重奏曲は、まったく味つけが強すぎて、どのような味覚がそれに長く耐え得るのだろうか」（カール・フリードリヒ・クラマーの『音楽雑誌』、一七八七年四月二三日）

モーツァルトが一七八二年から八五年にかけて書いた六曲の弦楽四重奏曲（ハイドンに献呈（けんてい）されているので、「ハイドン・セット」と呼ばれています）は、古典派の弦楽四重奏曲のひとつの頂をなす秀作です。しかしそれは、この批評家には、美しくはあっても、あまりに手のこんだ技巧に走った音楽に感じられたのでしょう。

そうした音楽は、とうぜん、演奏するにも高度な技術が求められます。それはもはや、音楽愛好家たちが自ら演奏して楽しむには複雑すぎます。一九世紀に向かって、弦楽四重奏曲は、習熟した演奏家たちがくり広げる音楽的対話を通じて、内的で精神的な表現を目指す曲種へと変容していくのですが、この批評家はそうした変化のはじまりにとまどっていたのかもしれません。

ピアノの発明

一七〇〇年に、フィレンツェの楽器製作者バルトロメオ・クリストフォリ〔一六五五～一七三二〕は、新たな鍵盤楽器を発明しました。それは、クラヴィコードに似た発音のしくみをもつ楽器です。しかし、クラヴィコードでは、鍵盤から指を離さないかぎり、打弦した金属の爪が弦にふれたまま留まっているのに対して、この新たな楽器では、たとえ鍵盤を押したままにしておいても、ハンマーが打弦直後に弦から離れるしかけ(これを、「エスケープメント」といいます)があり、そのおかげで、弦の振動が妨げられずに鳴り続けます。

クラヴィコードよりもはるかに豊かな響きをもち、ハープシコードとは異なって打鍵の強弱によって音の大きさを自在にあやつることのできるこの楽器は、こんにちのピアノの前身です。それは、現代のピアノよりずっと小型で、音域も狭く、音量も小さいのですが、そのぶん、つつましやかで軽く、透明な音色に特徴があります——一八世紀のこうした楽器は、一般に、「フォルテピアノ」〔「フォルテ（強い）」と「ピアノ（弱い）」という言葉の組み合わせです〕と呼ばれて、こんにちのピアノ（すなわち「ピアノフォルテ」）から区別されています。

当時は、声楽でも器楽でも、合奏でも独奏でも、あらゆる種類の音楽でハープシコードが重要な役割を果たしていた時代です。そうした中でフォルテピアノは、高価だったということもあって、すぐには普及しませんでした。しかし、細やかな音量のニュアンスの変化を自由につけることのできるこの楽器の性能——つまり、ギャラントな音楽の演奏に適した性能——は、やがて多くの音楽家たちの興味をひきつけていきます。一七六〇年代以降、オーストリア、ドイツ、フランス、イギリスの各地で、多くのフォルテピアノが製作されるようになります。

一八世紀後期になってからのフォルテピアノの広がりには、また、当時の社会的な事情が反映しています。つまり、中・上流階級の家庭で、若い女性たちが上品なたしなみとしてこの楽器を習うようになったのです。男性が奏でる楽器（その最も典型的な楽器は、ヴァイオリンやチェロでした）の伴奏をするだけでなく、男性よりも熱心に練習に取りくめる環境にあった女性たちのフォルテピアノの独奏が、私的な集いや家庭での音楽の楽しみの中心になっていったのです。

ちなみに、そうした場で演奏されることの多かった旋律楽器（ヴァイオリンなど）とフォルテピアノの二重奏——ハイドンやモーツァルトのヴァイオリン・ソナタなどもその例です——が、鍵盤楽器を主役にした音楽になっている理由も、そこにあります。旋律楽器が脇役の立場を脱して、ピアノと対等に、あるいはむしろ主役として振る舞う二重奏ソナタが書かれるようになるのは、一九世紀に入ってからのことです。

さて、人々の嗜好がハープシコードやクラヴィコードからフォルテピアノへと移行していったこの時代の鍵盤楽器独奏曲では、いつも楽器が指定されているとはかぎらないので、じつのところどの楽器を念頭において作曲されたのかはっきりしない場合も少なくありません。

ポルトガル・スペインの宮廷で活躍したドメニコ・スカルラッティ〔一六八五〜一七五七：アレッサンドロ・スカルラッティの息子で、ヘンデルの友人でした〕が遺した五五五曲もの単楽章のソナタは、彼の晩年(一七五〇年代)に書かれたものも含めてすべてが、あきらかにハープシコードという楽器の特性を活(い)かして作曲されていると感じられます。それらは、歌うような旋律を奏でないので、ギャランとは言えないのでしょうが、ソナタ形式の前身とも思える均衡(きんこう)のとれた明快な調性構造をもち、卓越した和声書法を駆使したその独創的な音楽は、時代の新たな息吹(いぶき)を伝えています。

ハイドンは、五〇曲あまりの鍵盤楽器独奏のためのソナタを作曲しましたが、それらのうち初期の作品(全体の半数ほど)はハープシコードのために、一七六〇年代半ば以後の曲はフォルテピアノのために書かれています。

一方、やはり多作の作曲家だったカール・フィリップ・エマヌエル・バッハは、クラヴィコードを好みました。このバッハは、理性への楽観的な信頼の表れであるかのようなギャランの優雅さや華やかさからは距離をとって、それに反発するかのように、心の奥底に揺らぐ感情の陰翳を音楽によって纖細に映しだそうとしました——一八世紀中ごろに北ドイツを中心にみられたこうした音楽傾向は、「多感様式」と呼ばれています。したがって彼は、ハープシコードよりも音が小さくとも細やかな強弱表現のできるクラヴィコードを尊重し、そして、後期のソナタでは、同じくそうした表現に適していてさらに豊かな音量をもつフォルテピアノによる演奏を指定しています。また、一八曲ほどのピアノ・ソナタをはじめとするたくさんの鍵盤楽器独奏曲を書いたモーツァルトも、フォルテピアノを好んだことが知られています。

(三) オペラの乱

オペラ・セリアとオペラ・ブッファ

器楽がますますさかんになっても、あいかわらずオペラの人気は衰えず、音楽を愛でる人々の最大の関心事でした。「理性の時代」の到来とともに、オペラの台本には、優美な言葉づかいと秩序だった形式、そして優れた文学性が求められるようになります。

当時の高名な文学者ピエトロ・メタスタージオ［一六九八〜一七八二］は、そうした要求にこたえて、多くの作曲家たちにたくさんのオペラ台本を供給しました。そこでは、レチタティーヴォとアリアが交互に配置される明確な形式が、詩そのものの中に組み込まれています。物語自体の題材は、以前のオペラと同様に、たいてい古代の英雄の偉業や苦難などを中心としているのですが、そこでの登場人物の表現は、常に洗練されていて、その感情表現も、けっして過度にならず、端正(たんせい)なたたずまいを崩しません。

一七二〇年代末ごろになると、こうした台本を用いて、艶美な歌に満ちた(つまり、アレッサンドロ・スカルラッティやヘンデルのものよりもいっそうギャランな)オペラが作曲されるようになります。イタリアのナポリで活躍したレオナルド・ヴィンチ［一六九六頃～一七三〇］やジョヴァンニ・バッティスタ・ペルゴレージ［一七一〇～三六］、そして、ヨハン・アドルフ・ハッセ［一六九九～一七八三：ドイツに生まれ、ナポリなどイタリアの諸都市だけでなく、ヨーロッパ各地で活動］をはじめとする多くの作曲家たちが、そうしたオペラを数多く作曲します。

またその一方で、ちょうどこのころから、もう一つの種類のオペラもさかんになります。それは、喜劇的な性格のオペラ、すなわち、オペラ・ブッファです――これに対して、喜劇的でないもの、つまり、古代の物語などの伝統的な題材による(いわば「まじめな」、あるいは、「本格的な」)オペラを、オペラ・セリアといいます。

オペラ・ブッファの登場人物は、英雄や皇帝や神々ではなく、日常の生活の中にもいそうな人物たちです。そして、そうしたオペラでは、ダ・カーポ・アリア（オペラ・セリアでの独唱歌手の華やかな演奏技巧の見せ場）はあまりみられず、それにかわって、複数の登場人物たちがかけ合いながら歌う重唱（二重唱、三重唱、四重唱）が重要な役割を担っています。また、オペラ・ブッファでは、たいてい、低い音域で歌うバス歌手が活躍します。それは、男性のソプラノ歌手「カストラート」［去勢（きょせい）によって、大人になっても変声前の高い声を保った男性歌手］が主役を演じることの多かったオペラ・セリアにはあまり見られない特徴のひとつです。

喜劇仕立てのオペラは以前にもなくはなかったのですが、この時代のオペラ・ブッファは、むしろ、「インテルメッツォ」の伝統から来たものだといわれています。インテルメッツォとは、「幕間劇（まくまげき）」のことで、つまり、一曲のオペラ・セリアの幕間で上演するために作られたオペラです。とはいえ、それは、本体のオペラ・セリアとは内容も異なった、一つの独立した（短めで軽い）オペラで、ペルゴレージの《奥様女中》［一七三三］は、その好例としてこんにちでもよく知られています。

フランス、イギリス、ドイツ：自国語のオペラの流行

イタリア・オペラは、ヨーロッパ全域で──北はデンマークやスウェーデン、東はロシアのサンクト・ペテルブルグまで──さかんに上演されるほど流行しました。リュリやラモーの「音楽

悲劇」があいかわらず好まれていたフランスにおいてさえ、一七五二年にイタリアから来た一座がパリで《奥様女中》を上演したのをきっかけに、旧来の「音楽悲劇」こそが良いとする保守派と新しく軽いイタリア的なオペラの支持者たちとの間で激しい論争が巻き起こります。「ブフォン論争」と呼ばれているその論争では、啓蒙主義の思想家ジャン＝ジャック・ルソー〔一七一二～七八〕も、《村の占い師》〔一七五二〕という小さなオペラを自ら作って、イタリアびいきの論陣の先頭に立ちました。それは、イタリアのオペラ・ブッファに刺激されたものでしたが、すでにその世紀の初めごろからフランスの民衆がお祭りの娯楽として楽しんでいた音楽劇に近いものです。

　はやり唄のような歌に満ちた「オペラ・コミック」と呼ばれるそうした音楽劇は、ちょうどこんにちのミュージカルのように、台詞が語られることが特徴で（ただし、このルソーのオペラでは、イタリア・オペラふうに、台詞もレチタティーヴォで歌われます）、歌詞や台詞はフランス語です。その内容は、しばしば、理想化された農民たちの姿を通じた、現実の社会への風刺を含んでいますが、常に喜劇的であるとはかぎりません。

　そして、フランス革命のころになると、オペラ・コミックの社会批判的な性格はいっそう強まっていきます。一八世紀の終わりに向かってフランスでとても人気のあったベルギー出身の作曲家、アンドレ・エルネスト・モデスト・グレトリ〔一七四一～一八一三〕が作曲したオペラ・コミック《獅子心王リチャード》［一七八四］は、世紀の変わり目ごろの、強い社会批判をこめた、いわゆる「救出オペラ」――主人公が命を賭して囚われの身の友人を助け出すという筋書きのオペラ――の流行の口火を切るものでした。

他の国々でも、自国の言語で歌い語られるこのような種類の民衆的なオペラがみられるようになります。一七三〇年代のイギリスでは、英語の「バラード・オペラ」が大流行しました。そのきっかけを作ったのは、《乞食オペラ》［一七二八：台本はジョン・ゲイ［一六八五～一七三二］、音楽を担当したのは、たぶん、ドイツ生まれの音楽家ヨハン・クリストフ・ペプッシュ［一六六七～一七五二］］です。それは、伝統的なオペラの気位の高い高尚な舞台設定を、ロンドンの下町のいかがわしい界隈に置きかえて、オペラ・セリアとそれを好む貴族の世界を痛烈に風刺したものです。

バラード・オペラは、たいてい、音楽的にも単純で気取りがなく、しばしば、すでにある曲の替え歌、民謡やダンス曲、はやり唄、そして、他のオペラのアリアの借用や編曲などの寄せ集めでできています。ロンドンのオペラ界に君臨していたヘンデルのオペラ・セリアの人気は、こうしたバラード・オペラの流行に押されて、急速に衰えていったのです。

ドイツのベルリンでは、一七四〇年代から五〇年代に、イギリスのバラード・オペラのドイツ語版の上演に刺激されて、それに似た形のドイツ語の音楽劇、「ジングシュピール」［「歌う劇」の意」が、さかんに行われるようになります。このジングシュピールの伝統は、その後、モーツァルトやヴェーバーのドイツ語のオペラへと受け継がれていくことになります。

オペラ改革

もともとオペラは、「音楽による劇」として創始されたのでしたが、バロック後期のオペラ・セリアは、歌手のみごとな歌唱を引きたてるダ・カーポ・アリアを中心とした「歌の饗宴（きょうえん）」というようすのものになって、本来の「劇」としての性格を薄めていました。

しかし、劇としてのおもしろさをふんだんにちりばめた新たな喜歌劇の流行におびやかされて、貴族的なオペラ・セリアの方にも、改革の必要性が意識されるようになります。ニコロ・ヨンメッリ［一七一四〜七四：イタリア出身で、ドイツのシュトゥットガルトで活躍］や、トンマーゾ・トラエッタ［一七二七〜七九：イタリアのパルマで活躍］といった作曲家たちのオペラ・セリアでは、劇の「自然な」流れを妨げないように、アリアとレチタティーヴォの型にはまった交替の枠組みをゆるめ、重唱をとり入れ、オーケストラをもっと活用して、歌の伴奏に色彩や深みを加えたり、情景描写の役割を担わせたりする試みがみられます。

オペラ・セリアの本格的な改革は、クリストフ・ヴィリバルト・グルック［一七一四〜八七］によって成しとげられました。ドイツ南部でボヘミア人の両親のもとに生まれたグルックは、イタリアでサンマルティーニに作曲を学び、ヴィーンの宮廷作曲家となり、また、パリではマリー・アントワネットの庇護を受けるほどの大きな成功をおさめて、国際的なオペラ作曲家として広く活躍しました。はじめのうち彼は、因襲的なイタリア・オペラを書いていたのですが、やがて、一七五〇年代からは、新たなオペラの趨勢に強く影響されるようになります。

そして、オペラの変革についてはっきりした理念をもっていた詩人で台本作家のラニエロ・デ・カルツァビージ［一七一四～九五］と共に、《オルフェオとエウリディーチェ》［一七六二：バロック時代の初めにペリやモンテヴェルディがオペラにしたのと同じ物語です］や、《アルチェステ》［一七六七：「アルチェステ」は、ギリシア神話のアルケースティス王のイタリア語名。この台本は、エウリピデスの同名の戯曲に基づいて書かれています］といったイタリア語による作品を作ります。

グルックは、《アルチェステ》の楽譜のまえがきで、オペラの改革を高らかに宣言しています。つまり、オペラ・セリアの悪弊を正して、オペラにおける音楽を、たんに歌手の華々しい歌声を響かせるためではなく、「詩［台本の言葉］に表現を与え、劇の諸場面を印象の強いものにするためにのみ用いる」というのです。

その言葉を体現して、《アルチェステ》は、旧来のオペラ・セリアとはずいぶん異なった作品になっています。そこでは、ダ・カーポ・アリアは姿を消し、レチタティーヴォとアリアの間の区別があまりはっきりしなくなって、全体に簡明で流麗な旋律が支配的です。そして、オーケストラは、レチタティーヴォの伴奏にも効果的に用いられています（オペラ・セリアでのレチタティーヴォの伴奏は、たいてい、通奏低音だけの簡素なものでした）。さらに、古代ギリシア悲劇でのように、舞台上の出来事に説明を加える重要な役割が合唱に与えられているのです。グルックの改革の試みには、かつてフィレンツェのカメラータの人々が抱いた崇高な理念――古代ギリシアの演劇に匹敵する「音楽による劇」の創造――を再び取りもどそうとする、古典主義的な意志が表れています。

さまざまなオペラ様式を束ねて

これまでお話ししてきたような一八世紀後期のさまざまなオペラの様式を統合して、古典派のオペラの高みに立ったのが、モーツァルトでした。

オーストリアのザルツブルクに生まれたモーツァルトは、早くも五、六歳から鍵盤楽器の演奏と作曲の輝かしい才能を発揮しました。彼の父親（同地の宮廷ヴァイオリン奏者で作曲家）は、その神童ぶりを自慢して、幼い息子をヨーロッパじゅう引きまわして、演奏を披露させます。そのように見世物にされることがよいことだったかどうかはさておき、音楽の中心地を巡り歩く旅によって、モーツァルトは、当時の第一級の音楽に接し、さまざまな音楽様式をいち早く吸収する機会を得たのです。

宮廷音楽家のような安定した職を得ることができないまま、ヴィーンを中心に活動したモーツァルトは、その短い生涯に、あらゆる種類の編成に数多くの作品を書きました。なかでも晩年の交響曲──第三八番（「プラハ」）〔一七八六〕、三九番、四〇番、四一番（「ジュピター」）〔いずれも一七八八〕──と協奏曲は、ピアノ曲や、前にお話しした弦楽四重奏曲などとともに、こんにちの演奏会でもなじみの曲目として親しまれ続けています。しかし、彼が遺した作品の中で後の作曲家たちに大きな影響を与えたという意味でも、歴史的に最も重要なのは、オペラです。

彼の円熟期のオペラの最初を飾る《イドメネオ》〔一七八一：イドメネオは、古代クレタの王の名〕は、グルックの改革を反映したイタリア語によるオペラ・セリアですが、次作の《後宮からの誘拐》〔一七八二〕は、ドイツ語のジングシュピールです（ただし、ヴィーンのジングシュピールは、北ドイツのそれとちがって、オペラ・ブッファの影響を受けていたので、この作品にも、華やかな歌唱技術を披瀝するようなイタリア的なアリアがみられます）。これらは、それぞれに異なったオペラ形式を自在にあやつって作られた優れたオペラですが、モーツァルトは晩年にさらに卓抜した四つの作品を完成します。すなわち、《フィガロの結婚》〔一七八六〕、《ドン・ジョヴァンニ》〔一七八七：ドン・ジョヴァンニは、モリエールも戯曲に描いた伝説的な放蕩貴族ドン・ファンのイタリア名〕、《コジ・ファン・トゥッテ》〔一七九〇：イタリア語で「女はみんなこうしたもの」の意〕、そして《魔笛》〔一七九一〕です。

《フィガロの結婚》、《ドン・ジョヴァンニ》、《コジ・ファン・トゥッテ》の三作はいずれもロレンツォ・ダ・ポンテ［一七四九〜一八三八］のイタリア語の台本によるもので、基本的にはオペラ・ブッファですが、そこには、オペラ・セリアの要素も融合されています。男と女の間の戦いと愛を主題としたこれらの作品で、モーツァルトはさらに積極的に重唱を活用し、そしてオーケストラをいっそう駆使して、劇中の人物たちの心理的なやり取りをみごとに描き出しています。

一方、《魔笛》は、ヴィーンの一般市民向けの劇場の興行主であったエマヌエル・シカネーダー［一七五一〜一八一二：自ら作曲家であり、俳優でもありました］が書いたドイツ語の台本による、ジングシュピールです。それは、古代エジプトという時代設定による架空の幻想的な物語で、世界主義的な友愛結社フリーメーソン（モーツァルトとシカネーダーはその会員でした）の影が色濃く映っています。救出劇の要素をもち、喜歌劇とオペラ・セリアを合わせたような筋書きと登場人物に彩られたこのオペラは、音楽的にも、語りによる台詞とともにレチタティーヴォがあり、民謡風の歌とともにイタリア・オペラ的な華麗な演奏技巧による大規模な歌があるといったように、異なった種類のオペラの形式と様式が、なんの不自然さもなく混在しています。ここでは、古典派の時代のさまざまなオペラ様式が、一つに束ねられ、融合しているのです。

そして「魔笛」（すなわち、魔法の笛）と題されたこの作品は、やがて後の多くの作曲家たちが手がけることになるいわゆる「おとぎ話オペラ」の不朽の手本になりました。

音楽と政治

一八世紀半ば過ぎのフランスの宮廷では、ブフォン論争にもあらわれているように、新旧のオペラの支持者たちが激しく対立していました。それは、生ぐさい宮廷内政治の党派的な争いとも結びついていたので、当事者たちにとっては、真剣に闘うべき重大な問題だったようです。しかし、迫り来るアメリカ独立戦争やフランス革命といった、現実に血で血を洗う深刻な闘争と比較すれば、まったくとるに足らないものです。宮廷貴族たちが熱心にオペラ論議にうつつをぬかしていたという事実は、彼らが民衆と社会の現実にどれほど無頓着だったかを象徴しています。そうした無頓着が、フランス民衆の革命蜂起を招いたことは、皆さんもよくご存じでしょう。

フランス革命では、大勢の民衆たちが声を合わせて、《サ・イラ》〔流行歌の替え歌で、「そうなるだろう（すべてうまくいく）、貴族たちを吊るせ」といった内容の歌詞です〕や、《ラ・マルセイエーズ》〔現在のフランス国歌〕といった革命歌を歌って、士気を鼓舞し、結束を高めました。貴族たちはその歌声の勢いにふるえあがり、一方革命政府は、そうした歌の力を、政治的団結と革命思想の普及のために利用したのです。

このとき以来、音楽（とくに、大勢で歌う歌）は、人々の集団への帰属感と一体感を強く導くためのひじょうに有効な手段として、どのような政治集会でも、そしてこんにちではスポーツの応援などにも、欠くことのできないものとなっています。

為政者たちは民衆の心を操作するために音楽を利用し、あるいは逆に、つごうの悪い場合には禁止しました。とうぜんそれは、集団的な歌だけについてのことではありません。民衆的な種類のオペラが、しばしば貴族階級への辛辣な批判を含んでいたことは、すでにお話ししたとおりです。

フランス革命とその後の混乱を目の当たりにしておののいたドイツ語圏諸国では、なんとか政策を調整することで王政を維持しようとした啓蒙専制君主の政府が、オペラを厳しく検閲し、体制に異をとなえる内容を慎重に排除しようとします。神経質になった官憲の眼が、文学だけでなく音楽にも注がれて、音楽家にとって窮屈な社会情勢の一八世紀末から一九世紀初頭の時代。ベートーヴェンが作曲活動をはじめたのは、そんな時代でした。

事実、彼が遺した唯一のオペラである《フィデリオ》〔一八〇五：改訂を重ね、最終的な完成は一八一四年。ドイツ語で歌われる救出オペラ的なジングシュピールです。もともとは《レオノーレ》と題されていました。題名はいずれも主人公の名前〕も、検閲に悩まされた作品のひとつです。

(四) 古典派からロマン派へ

ドイツのボンに生まれ、ヴィーンで活躍したベートーヴェンは、「芸術家としての作曲家」の原型(一つの「模範像」)として、一九世紀を通じてこんにちまで、崇拝(すうはい)といってもよいほどの大きな尊敬を集めることになります。それには、おもに二つの理由が考えられるでしょう。その一つは、作曲家の社会的自立ということにかかわっています。

芸術作曲家の自立

フランス革命は、すべての人間(個人)の自由と平等の意識を高め、王侯貴族の政治支配を激しくゆるがしました。しかし、当時の作曲家たちは、たとえ啓蒙思想の気分を反映した音楽を書いたとしても、いぜんとして貴族や教会の庇護の下で、雇(やと)い主からの注文に応じて仕事をする立場にありました。そうした中にあって、自分の自由な意志によって創作活動を行う自立した一個人としての作曲家――それはまさに、こんにちの私たちが抱いている「芸術家」のイメージです――という意識を強く打ちだしたのが、ベートーヴェンだったのです。

ハイドンの古典主義的な様式を受け継いで作曲家としての歩を踏み出したベートーヴェンが、自らの音楽世界を十全に示した最初の大規模な作品は、交響曲第三番《英雄》［一八〇四］です。それまでになく長大で力にあふれたこの交響曲を、ベートーヴェンはもともとナポレオン・ボナパルト［一七六九～一八二一］に捧げようとしていました。しかし、王政を打破して市民による統治をもたらしてくれる英雄として期待されていたナポレオンが自ら皇帝に即位したことを聞き知ったベートーヴェンは、それに激怒して、その献呈を破棄してしまいました。この逸話には、社会における個々の人間の権利についてのこの作曲家の強い意識がよく表れています。

ベートーヴェンは、生涯に九曲の交響曲を作曲しました。ハイドンが一〇六曲、そしてモーツァルトも五〇曲ほど(番号付きで知られているのは四一曲)の交響曲を書いたのに比べれば、ずいぶん少ない数です。しかしそれは、彼がたんに筆の遅い寡作の作曲家だったということではありません。雇い主の求めに応じて次々と曲を提供する職人的な立場にあったそれまでの作曲家たちとは異なって、ベートーヴェンは、自立した一個人である作曲家として、一曲一曲の作品で、自らが目指す「芸術」の探求を毎回新たに試みていったのでしょう――《英雄》を作曲したころから後の諸作品、とくにピアノ・ソナタ、弦楽四重奏曲、そしてとりわけ交響曲には、そうした作曲姿勢が強く感じられます。一つ一つの作品の作曲が新たな試みへの挑戦になれば、とうぜん、すばやく作品を量産することなどできないのです。

ところで、王侯貴族や教会の雇用に依存しない自由な芸術家としての自立は、作曲家が自らの音楽家としての活動(作曲、出版、演奏など)から得た収入によって生計をたてていかねばならなくなることをも意味していました。社会における貴族階級の急速な凋落を考えれば、こうした作曲家の経済的な自立はとうぜんの成りゆきだったでしょう。ただし、作曲家にとって、それは必ずしも容易なことではありません。このとき以来、作曲家たちは、しばしば、芸術家としての「精神の自由」が経済的な困難という代償を伴っていることを思い知らされることになります。

「無限なるもの」へのあこがれ

ベートーヴェンが「芸術家としての作曲家」の模範（すなわち「古典」）としてあがめられるようになったもう一つの理由は、一九世紀の人々が彼の音楽の中に聴きとった「表現」にあります。ドイツの文学者で作曲家でもあったE・T・A・ホフマン〔一七七六～一八二二〕は、ベートーヴェンの交響曲第五番〔一八〇七～〇八：日本では、「運命」という通称で親しまれています〕についての評論〔一八一〇〕で、次のように述べています。

「現代の器楽の創造者であるハイドンとモーツァルトは、初めてこの芸術〔器楽〕の輝かしい栄光を示してくれた。しかし、その内奥の本質を深くまで貫いたのはベートーヴェンである。……ベートーヴェンの器楽曲は、巨大で測りしれない世界を私たちにひらき示し……私たちは巨怪な者たちの影に気づく。その影は、上に下にと激しくゆれ動いて、しだいに包囲の輪をせばめ、ついに私たちの心を殲滅して、かぎりないあこがれの痛みだけが残される」

第五交響曲は、人々がそれまで耳にしたことのなかったような圧倒的で激しいオーケストラの強力な響きに満ちています。高貴であると同時に野太くもあり、荒々しい雷鳴のようにとどろきわたるその音楽に、一九世紀初めごろの人々は、畏怖をおぼえ、そこに、人知をはるかに超え出た測りしれない無限の世界——言いかえれば、絶対的な超越者の領域（神的な領域）——を垣間見るような表現を感じとったことが、この論評から伝わってきます。

そしてホフマンは、さらに言葉を継いで、その音楽が「ロマン主義の本質である無限のあこがれをよびおこす」とも述べています。つまり、ハイドンやモーツァルト、そして、まだハイドンの面影をいくらか残していたベートーヴェンの初期の交響曲に実現されている古典主義的な表現——気高く普遍的な人間性の表現——を超えて、ロマン主義の本質——「無限なるもの」への希求（「あこがれ」）——が、そこに表れているというのです。

ロマン主義は、一般に、人間の「理性」よりも「感情」を重視した思潮だと思われているかもしれません。しかしそれは、けっして理性を軽視するものではありませんでした。人間理性の気高さと尊厳は、古典主義の場合と同じくロマン主義でも、高く尊ばれています。ただ、古典主義やその基盤の一つであった啓蒙主義とは異なって、ロマン主義は、理性による追窮の果てに理性によってはとらえきれない領域（絶対的超越）があることを強く意識して、そのとらえ得ないもの（無限なるもの）になんとか触れたいという「希求（あこがれ）」をとても大切にするのです。

ホフマンをはじめとして、ロマン主義のひじょうに多くの文学者・思想家たちは、音楽——とりわけ「器楽」——という芸術形式をうらやみました。なぜなら、音楽（器楽）は、「言葉」（すなわち、理性の道具)に頼らない芸術なので、かえって「言葉」ではけっして表すことのできないもの(理性的探究によっては達し得ないもの)を伝えることができる。したがって、器楽曲こそが最も深遠な芸術である。そう考えたからです。

こうして、ベートーヴェンの器楽作品、なかでもとくに交響曲は、人間にとって最も普遍的で高遠なものを伝え感じさせる最高度の芸術音楽として、「古典」の中の「古典」に位置づけられることになるのです。

古典的な形式構造の拡大と融解

《英雄》が、ベートーヴェンの作曲家としての円熟期のはじまりをしるす交響曲であったとすれば、ピアノ曲と室内楽の分野でそうした位置にある作品は、ほぼ同じ時期に作曲された二曲のピアノ・ソナタ——いわゆる「ヴァルトシュタイン」ソナタ〔一八〇三〜〇四：彼の後援者だったヴァルトシュタイン伯に献呈されたのでそう呼ばれています〕と、「熱情」ソナタ〔一八〇四〕——、そして、ラズモフスキー四重奏曲と呼ばれている三曲の弦楽四重奏曲〔一八〇八出版：ヴィーン駐在のロシア大使ラズモフスキーに献呈〕でしょう。

これらの器楽作品(交響曲も含めて)には、ベートーヴェン独特の音楽構造や形式の扱い方がよくあらわれています。つまり、曲全体に主題旋律の徹底的な展開がいきわたることで、たとえ長大な曲であっても、統一感の強い、ひじょうに引きしまった構造が実現されていること。そして、ソナタ形式をはじめとする標準的な形式型を基本的な枠組みとしながらも、各構成部分の長さや音楽的性格、また、用いる調性の範囲などを自由に拡張し、変化させて、さまざまな起伏に富んだドラマのような成りゆきの音楽が生み出されています。それらは、いわば、言葉を用いずに音響によって描かれた抽象的な「物語」であって、聴く人を、「無限なるもの」を目指してたゆまず進み続ける人間の「心のドラマ」に導くのです。

ベートーヴェンのこうした探求は、晩年に向かってますます加速していきました。晩年の彼は、たとえば《ディアベッリのワルツによる三三の変奏曲》〔一八二三〕でのように、変奏曲という形式でさえ、多種多様な性格の音楽をより合わせた深遠な趣(おもむき)の長大なドラマへと変身させています（彼以前の古典派の作曲家たちにとって、この形式は、例えばモーツァルトの変奏曲のように、よく知られた旋律をいろいろと飾りを変えながらくり返して遊ぶ「軽い」形式でしかなかったのです）。

ベートーヴェンの作品の中でこんにち最も有名なのは、やはり最晩年に作曲された桁はずれに大規模な交響曲第九番〔一八一七〜二四〕でしょう。器楽曲（交響曲）でありながら、声楽——シラーの詩「歓喜(かんき)への頌歌(しょうか)」〔単に「喜びの歌」ともいいます〕を歌詞とする独唱と合唱——を含むこの作品は、そのことだけでも画期的ですが、ベートーヴェンはさらに、当時行われていたさまざまな種類の音楽様式をその一曲のなかに統合し、それによって、素朴(そぼく)なものから深奥(しんおう)なものまでですべてを包摂する一つの巨大な世界への希望をひらき示そうとしていたように思えます(そこには、当時の社会状況、すなわち、いくつもの小国に分かれていたドイツを一つに統合しようという機運が高まっていたことが反映しているのかもしれません)。

第九交響曲とは対照的に、ベートーヴェンの最後の五曲のピアノ・ソナタ〔一八一六～二二〕と、やはり晩年の五曲の弦楽四重奏曲〔一八二四～二六〕は、ひじょうに内的な性向の音楽ですが、それらもまた「無限なるもの」をたずね続ける長大でロマン主義的なドラマです。そこでは、標準的な形式型は、まだ存在してはいるものの、影を薄めて、音楽のドラマの成りゆきの中に埋没し融合しています。そして、ピアノの、あるいは弦楽四重奏の可能性を最大限に活用して新たな響きの表現を引きだそうとするベートーヴェンの臆することのない試みによって、それらは、とても演奏の難しい曲になり、もはや、音楽愛好家たちが自分たちで演奏して楽しめるようなものではありません。

音楽的内容の点でも演奏技術の点でも、当時の常識をはるかに逸脱したこれらの作品は、高遠ではあるが不可解なものと受けとられたようです。それらがしっかりと演奏され、多くの人々の深い理解を得るようになるのは、作曲者の死後何十年もの時を経てからのことだったのです。

（Ⅱ）ロマン派

（19世紀）

カール・マリア・フォン・ヴェーバーのジングシュピール《魔弾の射手》の一場面（1820年代）

音楽史では、ふつう、ベートーヴェン後の一九世紀を、「ロマン派」の時代と呼んでいます。そして、すでにお話ししたように、一九世紀の人々は、ロマン主義的な音楽の原点が、古典派、なかでもベートーヴェンの音楽にあると感じていました。

この「ロマン」という言葉は、中世の文学形式のひとつであった「ロマンス」――つまり、ロマンス語（南ヨーロッパで話されていた諸言語の総称）で語られ、つづられた、長篇の英雄的な騎士道物語（『アーサー王物語』はその一例です）――に由来しています。それは、いわば、「小説」の前身にあたるものです（ちなみに、こんにちのフランス語やドイツ語では、「ロマン」という言葉は「小説」を意味しています）。

中世の詩は、厳格な韻律や詩行構成の規則にしたがって作られたのですが、それに対して、「ロマンス」はかなり自由な形式で書かれました。形式型にとらわれずに物語をつづる。それが、作者の想像力を駆使した独創的な表現を重視する姿勢(すなわち、ロマン主義)につながっているというわけです。そして、ベートーヴェンの音楽(とりわけ晩年の壮大で幻想的な作品)は、まさに、音によってつづられたロマン的な長篇物語にほかなりませんでした。

(一) あこがれを宿す小世界

「ロマン」という呼び名にもともと含まれていた「長篇の物語」という意味合いに照らして考えると、逆説的で、とても皮肉なことなのですが、ベートーヴェンの後に続く世代――いわゆる初期ロマン派の作曲家たち――が遺した大小さまざまなたくさんの作品の中できわだって特徴的なのは、じつのところ、小さな曲、つまり、短いピアノ曲や歌曲なのです。

一八世紀半ばごろからピアノという楽器が普及していくにつれて、ピアノ独奏曲やピアノ伴奏の独唱曲(歌曲)は、小編成の室内合奏曲とともに、上流階級の人々が私的な集いでおもに自分たちで演奏して楽しむ音楽として愛好されるようになりました。そして一九世紀には、裕福な市民の館での社交的な催しとして、プロの音楽家を雇って歌やピアノの演奏を愛でる機会が頻繁にもたれるようになります（そのような音楽鑑賞の社交的な集いの場のことを、「サロン」といいます）。

つまり、歌曲やピアノ曲には、多くの需要があったのです――一方、オーケストラ曲などの大規模な曲は、作曲家にとっても出版者にとっても、経済的に見合わない音楽でした。ベートーヴェンの交響曲でさえ、オーケストラの総譜がすぐに出版されることは稀で、多くの音楽愛好家たちが手にすることができたのは、たいてい、ピアノ編曲版の楽譜だけだったのです。

もっとも、この時代の歌曲やピアノ小品のきわだった隆盛は、音楽を取りまくそのような社会的状況のせいだけではなかったでしょう。もっと深い理由もあったにちがいありません。

歌曲（「リート」）

「芸術」の概念が生まれた一八世紀半ばごろより前の時代、言いかえれば、「art」が「術」を意味していた時代には、文学、音楽、美術といった異なった分野の間には大きな溝がありました。なぜなら、詩や物語を書くために必要な術（言葉の技術）、音楽を作曲するための術（音の技術）、また、絵や彫刻を制作するための術（形や色彩の造形技術）は、それぞれまったく異なった種類の技術だからです。

しかし、古典派の時代以後、芸術の諸分野は、根底ではつながっていると考えられるようになります。それらはそれぞれに、言葉、音、色と形というふうに表現の素材・形式・技術を異にしているものの、どれもが深い真理の表現を目指す「芸術」であることにちがいはないというわけです。こうした思潮に支えられ、文学(詩)と音楽の真の融合としての芸術歌曲が生まれます。

そうした歌曲(「リート」〔ドイツ語で「歌」の意〕)の最も代表的な作曲家が、フランツ・ペーター・シューベルト〔一七九七～一八二八〕です。彼は、ヴィーンでのその短い生涯に、六〇〇曲以上ものリートを作曲しました。それらの中には、歌曲集《美しい水車小屋の乙女》〔一八二三〕や《冬の旅》〔一八二七〕(どちらもヴィルヘルム・ミュラー〔一七九四～一八二七〕の詩による)のように、何曲ものリートをならべて一組のセットにした、いわゆる「連作歌曲集」という形をとっているものもあります。連作歌曲集とは、そこに収められたすべての歌曲が順番どおりに歌われることを意図して編まれた曲集のことです。曲の一つ一つはそれぞれに独立のリートとして成り立っているのですが、それらを一定の順番で(たいていは、漠然と、物語的な成りゆきに整えられた順番で)歌っていくことで、歌曲集全体としても一つの大きな作品となるように考えられているのです。

リートは、詩を尊重して、詩に即して作曲されています。つまりそれは、ひたすら旋律の優美さを求めて書かれているわけではありませんし、また、ダ・カーポ・アリアのように歌手の声の名人芸をひけらかす歌でもありません。しかしまたリートでは、バロック初期のモノディーのように詩(歌詞)が主となって音楽を従えているということでもないのです。

シューベルトの旋律は、美しくはあっても、常に流麗で優雅であるとはかぎりませんし、その歌詞についても（優れた詩が多いとはいえ）、必ずしも文学性の高いものばかりではありません。そこで重要なのは、詩それ自体でも旋律それ自体でもないのです。リートでは、一つの曲全体に統一的な性格と雰囲気を与える巧みなピアノ伴奏とともに、詩と旋律が真に融合し、一体化しています。それは、「音楽となった詩」であり、同時に、「詩となった音楽」なのです。

このようなリートの伝統――つまり、ドイツの芸術歌曲の伝統――は、シューベルトからシューマン、ブラームス、そして、一九世紀終わり近くのフーゴー・ヴォルフ［一八六〇～一九〇三］の作品などへと受け継がれていくことになります。

ピアノ小品

いまお話ししたように、リートは、その小さな一曲全体が、その曲独特のひとつの音楽的性格や雰囲気で満たされている曲です。そして、一九世紀前半には、ピアノのための独奏曲でも、そのように、一つの音楽的性格や雰囲気で満たされた小曲が書かれるようになります――こんにち一般に、そうした独奏ピアノ小品のことを、「性格的小品」と呼んでいます。

シューベルトより一二歳ほど年下のフェリクス・メンデルスゾーン＝バルトルディ［一八〇九～四七：ドイツのユダヤ人の名家に生まれ、早くから、ドイツ音楽界の将来を担う優れたピアニスト・作曲家として期待を集めました］は、一八三二年に、六曲のピアノ小品を収めた《無言歌集》第一巻を出版しました(彼はその後も《無言歌》を書き続け、最終的には、全八巻、計四八曲にもなります)。「無言歌」(つまり、「言葉(歌詞)のない歌」)という題名が象徴的に示しているように、ピアノ独奏のためのこれらの曲は、リートの様式を模して書かれた性格的小品です。

また、メンデルスゾーンと同世代の作曲家ローベルト・シューマン〔一八一〇~五六:ドイツ東部に生まれ、ライプツィヒやヴィーンを中心に活躍。音楽評論家としても大きな影響力をふるいました〕は、《詩人の恋》〔一八四〇:ハインリヒ・ハイネ〔一七九七~一八五六〕の詩による〕や、《女の愛と生涯》〔一八四〇:アーデルベルト・フォン・シャミソ〔一七八一~一八三八〕の詩による〕などの連作歌曲集でも知られていますが、彼が遺したピアノ作品のほとんどは、性格的小品で占められています。

そして、ちょうどリートを連作歌曲集にまとめるようなやり方で、いくつもの性格的小品を組み合わせて、全体で一つの大きな曲になっている作品が——例えば、《謝肉祭》〔一八三四~三五〕、《子供の情景》〔一八三八〕、《クライスレリアーナ》〔一八三八:題名は、E・T・A・ホフマンの小説に登場する楽長クライスラーに由来しています〕などといったように——多くみられます。このような連作的な考えに基づいた作品では、それを構成している小曲はそれぞれに一応独立した曲ではあるのですが、ふつうの曲集の場合よりも、個々の小品の完結性がゆるく、おたがいが深い音楽的なかかわりでつながれています。

さて、シューマンのピアノ音楽の多くには、詩や小説のような題がついています。作品によっては、曲全体だけでなく、その中の個々の小品にもそうした題がついているものもあります。曲が表現していると思われる情景、イメージ、雰囲気などを示唆(しさ)しているそのような題名のことを、「標題(ひょうだい)」といいます。標題は、シューマンのピアノ作品の際立(きわだ)った特徴のひとつです。

「いや、シューマンだけではない。メンデルスゾーンの《無言歌集》の中の曲にも標題はある」。出版されている楽譜やCDでその音楽になじんでいる皆さんは、そう言うかもしれません。しかし、《無言歌集》の曲にある標題は、じつは作曲者自身が意図したものではなく、他の人が(たいていは出版者が、曲の売れ行きを促進する目的で)つけたものです。

シューマンは、ロマン派の初期にあって、ひじょうに積極的に標題を用いた作曲家の一人でした。それは、ピアノ曲という純器楽曲においても、声楽曲であるリートとはまた異なったしかたで、音楽と言葉(文学)の融合を図ろうとしたシューマンの意志のあらわれでしょう。

ロマン主義の思想家フリードリヒ・シュレーゲル〔一七七二～一八二九〕は、「多くの作曲は、たんに、詩の、音楽の言葉への翻訳である」(『アテネーウム断片集』〔一七九八〕)と言い放ちました。これは、声楽曲だけではなく、音楽全般について言った警句です。シューマンの性格的小品の標題はこうした考え方を直接反映していますが、シュレーゲルの考えを援用して言えば、性格的小品は、たとえそこに標題がなくても、それ自体で「一篇の詩としての音楽」にほかならないのです。

シューマンと同じ年生まれのフレデリク・ショパン［一八一〇～四九：ポーランドのワルシャワの近くで生まれ、父の母国であるフランスのパリで活躍］は、ひじょうに卓越したピアニストで、サロン音楽の寵児としてもてはやされる存在でした。彼の作品は、二曲のピアノ協奏曲を別にすれば、ほとんどすべてがピアノ独奏曲で、しかもその大部分は性格的小品です。

しかし彼は、シューマンとは対照的に、標題をつけることを嫌って、単に抽象的な形式名だけを曲に記しています。例えば、「ワルツ」、「マズルカ」、「ポロネーズ」といった舞曲名（後二者はポーランドの民族舞曲）、「ノクターン」［「夜想曲」と訳されます。アイルランドに生まれてロシアで活躍した作曲家ジョン・フィールド［一七八二～一八三七］がはじめた、静かな歌唱的な旋律を特徴とする抒情的なピアノ曲形式］、「前奏曲」、「練習曲」（エチュード）などといった具合です。

つまり、ショパンのピアノ曲は、彼自身がピアノという楽器から引きだした優美で華麗な響きを縦横に駆使した抽象的な音楽であって、言葉による文学との具体的なかかわりをもっていません。それはむしろ、抽象的であるからこそ、言葉では表現することのできないものを表現する、「一篇の詩としての音楽」なのです。そのことは、ショパンが、少し長めの曲のいくつかを「バラード」と名付けていることにも象徴的にあらわれています。というのも、「バラード」はもともと、物語的な性格をもつフランス語の詩の形式名なのです。

部分と全体：断片と無限

さきほど引用したシュレーゲルの著書には、芸術についての謎めいた警句が数多く記されています。「多くの古代の人々の作品は、断片になってしまった。多くの現代の作品は、書かれたそのときから断片である」。また、「断片は、一つの小さな芸術作品のように……それ自体で完結し、周囲の世界から分離していなければならない」。こうした言葉の意味はあいまいで、いろいろに解釈できます。そしてそこに、歌曲や性格的小品のような「小さな曲」がもち得る大きな意味合いというものを読みとることもできるでしょう。

こんにちの私たちが目にすることができる古代の作品（例えば、古代ギリシアの彫像や、サッポーの詩の断片のことを考えてみてください）は、たいてい、その作品の全体ではなく、バラバラの断片になってしまった一部分だけです。つまり、作品の全体をはっきりつかむことはできません。残存する部分（断片）を見て、そこから導かれる全体とそれが目指している表現を想像することができるだけです。

一方、「現代の」（すなわち、当時のロマン主義の時代の）表現が目指している「全体」は「無限なるもの」であって、それは、そもそもはっきりと示し得るものでも、つかみ得るものでもありません（言いかえれば、けっして十分には表現し得ないものです）。逆に言えば、示し得るもの（つまり、芸術家が作り得る作品）は、「全体」の一部分（断片）を表すものにすぎないのであり、それを鑑賞する人は、自らの想像力によって、その断片を通じて「全体」を垣間見ることになるのです。

さらに、シュレーゲルによれば、この一部分(断片)は、また、それ自体で一つの芸術作品として完結した存在でなければならない。つまり作品は、それ自体の外にあるはずの「全体」(無限)に向かって開いている一部分(断片)であると同時に、独立した一つの芸術作品として閉じた存在でもあるべきなのです。

歌曲や性格的小品のような「小さな曲」は、多様な音楽的要素による壮大な音楽的ドラマを展開するソナタのような大形式の音楽とはきわめて対照的で、一つの音楽的性格や雰囲気をもつ、断片のように短い音楽です。それは、個々に一つの独立した作品ですが、同時にまた、より大きな全体の一部でもあります。連作的作品として、他の曲とつながり合って一つの全体を形成するということだけではありません。一つの小さな断片のような曲は、それがあまりに小さいからこそ、その外に広がる無限の世界へのあこがれに人の想像力を導くのです。

(二)「大きな音楽」をめぐる葛藤

「小さな曲」にも深い意味合いがある。そうとはいえ、一九世紀の作曲家たちは、むしろ「大きな曲」、つまり、古典派によって確立された大きな構造の音楽を書くことを重要視していたようです。というのも、前の世紀の啓蒙主義思想と産業革命から培われた人間像――人間は理性(科学)と技術によって自然を支配することのできる特別な存在であるという見方――が、一九世紀にはますます強まって、その人間の精神の営みの表れである芸術作品も、それが本格的なものであるのならば、偉大なる存在にふさわしい大きさをもつべきだ、と感じられたからでしょう。

たくさんのすばらしい「小さな曲」を遺した作曲家たちも、(ほぼピアノ曲に専心したショパンを別にして)例外ではありません。彼らは、大きな器楽曲(交響曲、協奏曲、弦楽四重奏曲など)の作曲に力を注ぎ、そしてそれらが、こんにち一般に、その作曲家の「代表曲」(言いかえれば、重要な「本格的」作品)に位置づけられています――その例をほんの少しだけあげてみれば、シューベルトのいわゆる「未完成」交響曲〔一八二二〕や「大」交響曲〔一八二五〕、ピアノ五重奏曲「鱒」〔一八一九〕や弦楽四重奏曲「死と乙女」〔一八二五〕、メンデルスゾーンの交響曲第四番《イタリア》〔一八三三〕や第三番《スコットランド》〔一八四二〕、ヴァイオリン協奏曲〔一八四四〕などです。

ベートーヴェン問題

「大きな曲」を書こうとするロマン派の作曲家たちにとって、「古典」、なかでもベートーヴェンの音楽は、倣うべき模範である一方で、乗り越えなければならない障碍でもありました。というのも、ベートーヴェンとはちがう音楽を、それを凌ぐ（少なくとも互角の）水準で実現していかねばならないと、強く意識したからです。ではなぜ、そのような意識が生まれたのでしょうか？

一九世紀に入って、オーケストラの公共演奏会（入場料を支払えば市民のだれもが聴くことのできる演奏会）の数が増えるにしたがって、「古典」（とくにハイドンとベートーヴェン）の作品は、定番の演奏曲としてプログラムの中に定着するようになります。そうなると、新たな作品は、しばしば「古典」とならんで演奏され、じかに比較されます。作曲家たちは、目の前に立ちはだかる「古典」と競い合うことを強いられるようになったのです。

そして、当時の考え方（例えば、いわゆるドイツ観念論の哲学者ヨハン・ゴットリープ・フィヒテ［一七六二～一八一四］の思想）によれば、「個人」というもの——すなわち「精神の自由」を得た個々の人間——は、それぞれの独自性や独創性によってたがいに区別される。言いかえれば、私を「私」にしているのは、私があなたとちがうということによってなのです。作曲は、一人の作曲者（「私」）の独自性や独創性の表現でもあるわけで、したがって、他の作曲家の音楽とは異なるはずですし、そうあらねばなりません。

ちなみに、つい半世紀ほど前のヘンデルなら、けっしてそうは考えなかったでしょう。ヘンデルは、他の作曲家の多くの曲を、とうぜんのように、自分の曲の中にほぼそのまま取り込んでいます。彼だけでなく、バロック時代以前の作曲家たちは、他の人とちがった音楽を書かねばならないと強く意識することなどなかったのです。しかしいまや、自らを一人の作曲家として確立するには、他の作曲家とは異なった音楽を創造しなければならないのです。

さらにまた、産業革命以来の科学技術の急速な発達によって培われた価値観――「進歩・発展」の重視――も、そこにかかわってきます。つまり、何事についても、後に来るものは前のものよりも進歩・発展しているべきだという考え方が、音楽の世界にも反映するのです。

こうした状況の中に生きたベートーヴェン後の世代の作曲家たちは、単にベートーヴェンとちがうというだけでなく、なんらかのかたちでさらに「発展した」音楽を作らねばならないという圧力を、ひしひしと感ぜざるを得ませんでした。

じつのところ、リートや性格的小品といった「小さな曲」も、その解決策の一つだったでしょう。というのも、それは、ベートーヴェンがほとんど手をつけなかった分野でしたし(その意味で彼の音楽とはちがっています)、また、「大きな曲」とは異なったしかたで深く「無限なるもの」の表現を担い得る点で、ロマン主義的音楽の一つの発展ともいえるからです。しかし、ベートーヴェンが大きな足跡を残した「大きな曲」(とくに交響曲)を書こうとする場合には、問題ははるかに深刻です。

新たな交響曲はどこに?

ベートーヴェンは、九曲の交響曲のそれぞれで、交響曲のさまざまに異なった可能性を探求し、最後の作品(「第九」)では、この器楽形式に声楽まで取り込みました。これほど徹底した探求の後で、さらにちがう(発展した)交響曲の形を見出すことは難しい。そう感じた作曲家は、少なくありませんでした。その問題をどれほど深刻に意識したかは、とうぜん、作曲家ごとにちがっています。

シューベルトにとって、ベートーヴェンは、同時代の先輩であって、けっして過去の作曲家ではありませんでした(彼は、ベートーヴェンの死の翌年に世を去りました)。シューベルトの交響曲は、古典的な形式の枠組みのなかで、彼自身のリートやピアノ曲にみられるような旋律的な抒情性が曲全体に浸透していることに特徴があるのですが、そこには、ベートーヴェンの音楽を撥ね退けなければならない圧力として意識しているようなようすは感じられません。彼にとってのベートーヴェンは、障碍であるよりも、むしろ、導きの糸だったのでしょう。

メンデルスゾーンの交響曲にも(彼は正真正銘ベートーヴェン後の世代なのですが)、ベートーヴェン問題の葛藤はあまり感じられません。彼にとって、「古典」はまさに、学び倣うべき手本だったのでしょう。一方、革新的な精神にあふれていたシューマンは、ベートーヴェンの影との苦闘を避けられなかったようです。彼の交響曲には、古典的な形式の軛と、縛ることのできない奔放な想像力との間の危うい均衡(あるいは、不均衡)があらわれています。

ベートーヴェンが行った「交響曲の可能性の探求」を引き継いだのは、いまお話ししたドイツの作曲家たちよりも、むしろ、フランスのエクトル・ベルリオーズ［一八〇三～六九］だったと言えるかもしれません。彼の《幻想交響曲》［一八三〇］は、彼以前の交響曲とは大きくちがっているのです。

この交響曲には、標題があります。しかもそれは、メンデルスゾーンの交響曲の場合のような、曲の表現内容を漠然とほのめかすだけのものではありません。この作品では曲全体の音楽の成りゆきが、一篇の「物語」（つまりそれがここでの「標題」です）によって具体的に形づけられています。実際にベルリオーズは、この交響曲の演奏にあたって、その物語を文章にして聴衆に配りました。それは、舞踏会(ぶとうかい)で見初(みそ)めた女性に恋した芸術家が、失恋の絶望から阿片(あへん)を飲んで自殺を図るものの死にきれず、自分自身が彼女を殺した罪で死刑を宣告されて、断頭台で処刑されるのを目撃する悪夢を見る、という筋書きの物語です（この物語は、ベルリオーズ自身が失恋体験に基づいて書いたものです）。

五つの楽章から成るこの交響曲の全体を通じて、ベルリオーズは、あこがれの女性のイメージを表す一つの同じ旋律（それを「固定楽想」と呼びます）を、物語の展開のいろいろな状況や雰囲気に応じて変形しながら何度も用いるという、新たな工夫を施(ほどこ)しています。また、楽器の種類においても数においても前例をみないほど大きなオーケストラを動員し、楽器の独創的な用法から生み出される斬新な音響の効果と、ひじょうに大胆な和声進行を駆使して、この物語のさまざまな情景をグロテスクなほど鮮やかに描き出しています（これらの技法は、後のヴァーグナーやマーラーといった作曲家たちに大きな影響を与えることになります）。

《幻想交響曲》は声楽を含まない純器楽作品ですから、物語が具体的に言葉（歌詞）で語られることはないのですが、その標題（物語）を知って聴けば、その情景がまざまざと浮かびあがってくるような、物語的な性格をもった音楽です。だからベルリオーズは、聴衆に標題の文章を配ったのでしょう。

しかしこのようなやり方は、必ずしもすべての人たちに支持されたわけではありませんでした。例えばシューマンは、この交響曲を基本的には好意的に評価しつつ、その点に疑問を投じています。つまり、各楽章に題名があればそれで十分なのであって、それ以上の「言葉は、交響曲のなかの出来事を実際に経験した作曲者の私的な面への興味をそそる」だけで、とくに「感情が繊細で、個人的なことの披瀝など嫌う」ドイツの聴衆は、それを「ひじょうに粗野な押しつけ」だと感じるだろう、と批判しています（「ベルリオーズの交響曲」〔一八三五〕）。

このシューマンの不満にこたえるかのように、やがて、一九世紀半ばのドイツで、「粗野」でない物語的な性格の標題音楽の実現が図られます。それを担ったのは、リストでした。

交響詩

フランツ・リスト［一八一一〜八六：ハンガリー西部のドイツ語地域の生まれ］は、ショパンがうらやんだと言い伝えられているほどの演奏技術をもつ、カリスマ的なピアニストでした。

ピアノは、科学技術の進歩によって改良が重ねられ、一八三〇年代には、すでに高度な演奏性能と豊かな音量をもつ堂々たる楽器になっていましたが、若いリストはそれを魔術のような超絶技巧で自在にあやつって、パリを基点にヨーロッパじゅうで聴衆(多くは、上流階級の女性たち)を陶酔(とうすい)させたのです(ついでながら、当時、イタリアのヴァイオリン奏者・作曲家のニコロ・パガニーニ［一七八二〜一八四〇］も、悪魔と手を結んだと噂(うわさ)された超絶演奏技巧で、その名を馳(は)せていました)。

こうした活動のようすから想像できるように、リストの初期の作曲作品の多くは、超絶演奏技巧のピアノ曲です。しかし、一八四八年にドイツのヴァイマールの宮廷楽長に就任すると、ピアニストとしての演奏旅行をやめて、腰をすえてオーケストラ曲の作曲にとりかかり、「交響詩」(「音詩」ともいいます)を創案しました。交響詩は、標題的なオーケストラ曲で、交響曲とはちがって、楽章に分かれていない単一楽章の曲です。

リストの交響詩の標題は、《幻想交響曲》の場合のような作曲者自身の私的な物語ではなく、たいてい、深遠(しんえん)なギリシア神話(例えば、《オルフェウス》［一八五四］など)や、文学作品(《マゼッパ》［一八五一：ヴィクトル・ユーゴー［一八〇二〜八五］の詩による］、《前奏曲》［一八四八、改訂(かいてい)一八五四：

アルフォンス・ド・ラマルティーヌ〔一七九〇～一八六九〕の詩による」、《ハムレット》〔一八五七：シェイクスピアの戯曲による〕など）なのです。またリストは、標題的な交響曲——例えば、ゲーテの戯曲に基づく《ファウスト交響曲》〔一八五四：正式な題名は、《（ゲーテの）三人の登場人物描写による、そして、最後の合唱を伴う、ファウスト交響曲》〕——も作曲しています。それは、連作的な交響詩といったようすの作品で、交響詩と交響曲を融合する試みです。

こうした音楽は、たしかに標題が示しているような物語的な成りゆきを特徴としています。しかしそれは、単に、物語の音への翻訳ではありません。

リストは、ベルリオーズの「固定楽想」に倣って、標題の中の主要な想念や登場人物などに特定の旋律をあてがって、音楽の劇的な進行の状況に応じてそれを変容させていく技法を用いています。この「旋律主題の変容」とは、結局のところ、古典派（とくにベートーヴェン）以来ソナタや交響曲などの作曲に用いられてきた基本的な技法である「主題の展開」と同じことです。そこに何かちがいがあるとすれば、ここではそれが標題の詩的な想念と結ばれているということだけです。逆に言えば、それらの作品（ベルリオーズの曲も含めて）には、もし標題がなかったとしても一つの自律的な音楽作品として成り立つ構造がそなわっているのです。したがって、標題を知らずにその音楽を（抽象的な器楽曲として）鑑賞することも、とうぜん可能です。

演奏会用序曲

交響詩は、標題的で、楽章に分かれていない単独の曲です。じつは、このような形のオーケストラ曲の起源も、ベートーヴェンの作品にさかのぼってたどることができます。

ベートーヴェンは、オペラ《フィデリオ》の序曲を何度も書き直しました。最終的にオペラには用いられなかった曲は、こんにち三曲の《レオノーレ》序曲として知られています（とくに第三番［一八〇六］が有名です）。それらは、オペラ全体の劇的内容をあまりに雄弁（ゆうべん）に表現しすぎてしまっていたので、序曲としては不適切だったのです。結局オペラには、軽い導入の役割を果たすような序曲が用いられて、《レオノーレ》序曲は、独立の作品として――すなわち「演奏会用序曲」として――演奏されるようになりました。

そしてその後、例えばメンデルスゾーンは、《ヘブリディーズ》［一八三二：「フィンガルの洞窟（どうくつ）」という題名でも知られています］や《真夏の夜の夢》［一八二六：シェイクスピア戯曲の上演のために書かれました］をはじめとする、いくつもの優れた演奏会用序曲を書きました。

こうした作品は、まさに標題的なオーケストラ曲であって、実質的には、交響詩そのものです。つまりリストの交響詩は、演奏会用序曲という形式を、深みのある新たな名称で呼びかえただけとも言えるわけで、必ずしも目新しい音楽形式ではありません。リストの音楽の新しさは、形式よりも、むしろ、半音階的な和声と調性の大胆な扱い方にあったと言えるでしょう。

（三）オペラ

フランス

オペラの分野では、ベートーヴェン問題はほとんど存在しませんでした。というのも、ベートーヴェンは、オペラにはそれほど大きな足跡を残さなかったからです。

一八世紀の半ば過ぎからヨーロッパ随一（ずいいち）のオペラの中心地となったパリでは、一九世紀に入ってからも、グルックを手本としたオペラが書かれます。救出オペラの秀作として知られるルイジ・ケルビーニ［一七六〇～一八四二］のオペラ・コミック《二日間》［一八〇〇］や、ガスパレ・スポンティーニ［一七七四～一八五一］の《ヴェスタの巫女（みこ）》［一八〇七：古代を舞台にした救出オペラ的な壮大な作品］などが、その代表的な例です（ちなみに、この二人の作曲家はいずれもイタリアの出身です）。

フランス革命で貴族社会が危機におちいったとはいえ、ナポレオン帝政とその後の復古王政の時期を含めて、オペラはまだ王侯貴族の庇護（ひご）の下にありました。一八三〇年ごろから実質的な市民政治の時代が到来しはじめると、この新たな社会の上流階級となった富裕な市民たちが、それまでの貴族文化を模するように、オペラを彼らの重要な社交的娯楽（ごらく）として支えるようになります。

このような社会背景は、とうぜん、オペラにも具体的に反映します。つまり、社交的なたしなみとしてオペラを観にくる上流階級の人々を満足させるためには、独創的であるよりも適度に耳慣れた(「古典」を手本にした)音楽が求められたでしょうし、また、目を喜ばす大がかりな舞台装置やバレエ、そして見世物的な派手な演出が必要だったでしょう。この時代のそうした大がかりなオペラのことを、グランド・オペラ［フランス語では「グラントペラ」と発音します］といいます。

スポンティーニの《ヴェスタの巫女》も、グランド・オペラの最初期の例ですが、この種のオペラで最も大きな成功を得た作曲家は、ジャコモ・マイヤーベーア［一七九一～一八六四：ドイツのユダヤ人家族に生まれ、イタリアで活動した後、自らイタリア風に変えたこの名前を名乗って、パリで活躍］でした。彼の代表作の一つである《悪魔のロベール》［一八三一］は、中世のロマンスに描かれた伝説――つまりその意味でロマン主義的な伝説――を題材にしています。

こうしたグランド・オペラは、一九世紀後半に入ると、その影響を大きく受けつつ発展したイタリア・オペラに押されて、影を薄めていきます。ところで、ベルリオーズもまた、壮大なグランド・オペラ《トロイア人》［一八五六～五八：古代ローマの詩人ウェルギリウスの『アエネーイス』に基づく］を書いたのですが、ひじょうに独創的なこの作品は、一八六三年に部分的に初演されたものの、当時のフランスの聴衆には受けいれられず、二〇世紀の半ばまで全曲が演奏されることはありませんでした。

パリではまた、一八世紀後期にはじまったオペラ・コミックも、相変わらずさかんでした。グランド・オペラほど大がかりではなく、語りによる台詞を含み、題材としては、たいてい、伝説や遠い古代のことよりももっと現代（自分たちの時代）にかかわる――しばしば社会批判を滲ませた――物語を扱うことが多かったこの種のオペラは、一九世紀の後半に入っても勢いを失わず、フランス出身の作曲家たちの手で優れた作品が生まれ続けます。

なかでも、シャルル・グノー［一八一八～九三］の《ファウスト》［一八五九：ゲーテの同名の作品に基づく］、ジョルジュ・ビゼー［一八三八～七五］の《カルメン》［一八七四：プロスペル・メリメ［一八〇三～七〇］の同名の小説に基づく］、ジュール・マスネ［一八四二～一九一二］の《マノン》［一八八四：一八世紀フランスの作家アベ・プレヴォの小説『マノン・レスコー』に基づく］などがよく知られています。

とくに、スペイン的な異国情緒を漂わせる魅力的な旋律に満ちた《カルメン》は、作曲者の死後まもなく、語りによる台詞の部分が歌唱（レチタティーヴォ）に置きかえられて――つまり、オペラ・コミックから、「本格的な」オペラの形に直されて――、一九世紀フランス・オペラの傑作の一つとして、こんにちでもなじみの演目になっています。

イタリア

一九世紀前期のイタリアでは、毎年四〇曲以上もの新しいオペラが上演されていました。フランスのオペラがパリに集中していたのに対して、早くからオペラ文化が深く浸透していたイタリアでは、国中の諸都市でオペラが上演されました。

地方都市のオペラ劇場には大がかりな舞台装置のないところも多く、オペラはそうした劇場でも上演できるように作られましたから、作品の規模は、グランド・オペラのように巨大ではありません。また、ロマン主義のイタリアへの浸透が緩やかだったということもあって、それらのオペラ作品は、様式的にも規模の点でも、基本的に、前の世紀からのオペラ・セリアとオペラ・ブッファの伝統を色濃く引き継いでいます。

もし、一八二〇年代半ばのヨーロッパで、「最も有名な作曲家は誰?」ときけば、たいていの人は、「ベートーヴェンとロッシーニ」と答えたでしょう。当時、オペラ作曲家ジョアキーノ・ロッシーニ［一七九二～一八六八］の名は、それほど広く国際的に知れわたっていたのです。

イタリアに生まれた彼は、《オテッロ》［一八一六：シェイクスピアの『オセロ』に基づく］などのオペラ・セリア、そして、《セビリャの理髪師》［一八一六：フランスの劇作家ボーマルシェ［一七三二～九九］の同名の風刺的な戯曲に基づく］や《チェネレントラ》［一八一七：題名は、イタリア語で「シンデレラ」のこと］をはじめとするオペラ・ブッファによって、国際的な名声を得ました。

ロッシーニのオペラは、活気にあふれたリズムと、一瞬にして聴き手の心をとらえて離さない歌の旋律に満ちています。そうした旋律にふさわしい優雅な歌い方を、彼や同世代の音楽家たちは、「ベル・カント」（「美しい歌唱」の意）と呼びました。それは、前の時代のオペラで一般的だった重い劇的な歌い方とは対照的な、なめらかで、どんな音域のどんな楽句も（たとえ歌うのがとても難しい動きも）苦もなく自然に歌っているように聴かせる歌唱技術です（ベル・カント唱法は、それ以後、イタリア・オペラの基本として保たれていきます）。ロッシーニは、こうした歌をオペラの主軸にすえて、それを、各楽器の音色を活かしたオーケストラの簡潔な響きで支えています。

イタリアで成功を収めた後、ロッシーニはパリに移って、イタリア的な歌唱を活かしたグランド・オペラ《ギヨーム・テル》［一八二九：シラーの『ヴィルヘルム・テル』（一八〇四：日本では「ウィリアム・テル」という英語名で知られている物語です）に基づく］を作曲しました。この作品は、ロッシーニの生前だけでも五〇〇回も演奏され、彼の名声を不動のものにしたのでした。

ベル・カントを駆使した作品で知られるこの時代のオペラ作曲家として、ガエターノ・ドニゼッティ［一七九七〜一八四八］とヴィンチェンツォ・ベッリーニ［一八〇一〜三五］の名もあげておかねばなりません。これら二人のオペラは、それぞれに、ひじょうに抒情的で、積極的にロマン主義的な題材を用いていることに特徴があります。例えば、ドニゼッティの《ランメルモールのルチア》［一八三五］は、スコットランドのロマン主義作家ウォルター・スコット［一七七一〜一八三二〕の小説『ランマームーアの花嫁』〔一八一九〕に基づいたものですし、ベッリーニの《ノルマ》〔一八三一〕は、キリスト教以前のドルイド教の時代のガリアという遠い古代を舞台にした物語なのです。もっとも、そうした題材をあつかっているとはいえ、それらの音楽自体の様式は、けっして、ドイツのロマン主義作曲家たちのように革新的ではありません。

これらの作曲家たちの後、一九世紀後期のイタリア・オペラに君臨したのは、ジュゼッペ・ヴェルディ〔一八一三〜一九〇一〕でした。ロッシーニ、ベッリーニ、そしてとくにドニゼッティの影響の下から出発したヴェルディは、やがて、世紀の半ば過ぎになると、はっきりと独自の特徴をもったオペラ作品を書くようになります。例えば、《リゴレット》〔一八五一：ヴィクトル・ユーゴーの戯曲『王は愉しむ』(一八三二)に基づく〕、《トロヴァトーレ》〔一八五三：題名は「吟遊詩人」の意〕、そして《ラ・トラヴィアータ》〔一八五三：題名は「堕落した女」の意。日本でなじまれている「椿姫」という題名は、このオペラ台本の原作となったアレクサンドル・デュマ(小デュマ)〔一八二四〜九五〕の小説『椿姫』(一八四八)に由来しています〕といった作品には、次のような特徴がよくあらわれています。それらの特徴とは、

一　たいていは戯曲を原作とする演劇性の強い台本を用いて、それを現実味のある人間の劇として実現していること(これは、後でお話しする同時代のヴァーグナーの夢幻的で神話的な――つまり、きわめてロマン主義的な――オペラとはひじょうに対照的です)。

二　アリア、重唱、合唱、レチタティーヴォを一つ一つ数珠つなぎのようにならべていくのではなく、それらの諸要素を巧みに統合してかなり長い「場面」を作り、そうした大きな単位で劇を構成することによって、連続性の強い明瞭な劇的展開を達成していること。

三　主役の歌手が存分に歌唱技術を発揮できるようなアリアが（かつてのオペラ・セリアの場合とは異なって）けっして劇の自然な進行や展開の流れをそこなうことなく配置されていること。

などです。

ヴェルディはまた、フランスのグランド・オペラからの影響を吸収したいくつかの優れたオペラを書きました。なかでもその集大成ともいえる作品は、スエズ運河開通を記念して建てられたカイロのオペラ劇場の柿落しのために作曲した《アイーダ》［一八七一：古代エジプトを舞台にした物語］です。そこでは、熟達したオーケストラの扱いが、オペラに一層の輝きを与えています。さらに最晩年には、シェイクスピアの戯曲を原作とする二つのオペラ、すなわち、《オテッロ》［一八八七：『オセロ』による］と、《ファルスタッフ》［一八九三：『ウィンザーの陽気な女房たち』による］を遺し、それらはイタリア・オペラの金字塔としてひときわ高く評価されています。

ヴェルディのオペラは、彼が生きていた時代からさかんに上演され続け、こんにちでもイタリア・オペラの代名詞のようになっています。

ヴェルディの存在はあまりに大きく、その後のイタリア・オペラ作曲家たちの影が薄くなってしまっていることは否めません。とはいえ、ピエトロ・マスカーニ［一八六三～一九四五］の《カヴァレリア・ルスティカーナ》［一八九〇：題名は「田舎騎士道」の意］と、ルッジェーロ・レオンカヴァッロ［一八五八～一九一九］の《道化師》［一八九二］、そして、ジャコモ・プッチーニ［一八五八～一九二四］の諸作品を忘れることはできないでしょう。

マスカーニとレオンカヴァッロの作品は、現実の社会での貧しい人々の生活や人間関係のもつれから生じた事件を題材としたもので、そうした傾向は、「ヴェリズモ」［「真実主義」あるいは「写実主義」と訳されます］と呼ばれています。

また、プッチーニは、ヴェルディ後のイタリア・オペラの中で、最も大きな成功を収めた作曲家です。パリのボヘミアンを描いた《ラ・ボエーム》［一八九六］、画家とその恋人の歌手の物語である《トスカ》［一九〇〇］、そして、遠い見知らぬ国への好奇心とあこがれを誘う異国趣味的な《蝶々夫人》［一九〇四：物語の舞台は日本］や、《トゥーランドット》［一九二四：中国を舞台にした物語］は、こんにちでも人気の高い作品です。

ヴェルディの伝統を受け継いだプッチーニは、異国情緒をかもしだす新たな響きを取り入れつつ、だれの耳にもなじみやすい、そして、声の伸びやかな歌唱性を存分に味わうことのできる抒情的なオペラを書きました。

ドイツ

ロマン主義音楽の中心地であったドイツでは、オペラにもまたその傾向が強く反映しました。つまり、もしそれを一口で説明してしまうとすれば、中世の歴史や伝説、幻想的な童話などを題材にした物語で、そこでは神秘的で超自然的な魔法の力が重要な役割を果たし、そしてたいていは、「自然」に近しい場所(例えば、森や辺鄙(へんぴ)な小村)を舞台に劇が展開するといった形のオペラです。

そのようなロマン主義的オペラの最初の優れた作品として知られているのが、カール・マリア・フォン・ヴェーバー〔一七八六～一八二六〕のジングシュピール、《魔弾(まだん)の射手(しゃしゅ)》〔一八二一〕です。ドイツ語で歌われ、民話を思わせる筋書きをもつこの作品には、民謡風(みんようふう)の歌と合唱、ダンスや行進曲といったドイツの民俗的な要素がふんだんに盛り込まれていて、それらがイタリア的な様式のアリアと同居しています。また、劇的な表現のために半音階的な和声が活用され、オーケストラが奏(かな)でる音楽が重要な役割を果たしていることも大きな特徴です――そこでは、オーケストラ伴奏(ばんそう)にのって語られる台詞(「メロドラマ」といいます)が、効果的に用いられてもいます。

ヴェーバーの《魔弾の射手》は、彼がその数年後に作曲したドイツ語によるグランド・オペラ《オイリュアンテ》〔一八二三：中世フランスのトルバドゥールの物語〕とともに、それ以後のドイツ・オペラの伝統の礎(いしずえ)を築きました。その上に立って、一九世紀中葉以降のドイツ・オペラにおいて圧倒的な存在となった作曲家が、リヒャルト・ヴァーグナー〔一八一三～八三〕です。

ヴァーグナーは、生涯にわたって、オペラの作曲に専念しました。彼は自らの著書（『未来の芸術作品』〔一八四九〕、『オペラとドラマ』〔一八五一〕など）で、次のような考えを表明しています。すなわち、ベートーヴェンは、器楽において成し得るすべてを成しとげ、そして、第九交響曲で、そこに言葉（声楽）を取り入れることによって、未来の芸術への途をさし示した、というのです。つまりヴァーグナーは、音楽と言葉が結合したオペラを書き進めることによって、自らがベートーヴェンの正統な後継者であることを主張しているわけです（これは、「ベートーヴェン問題」に対する彼なりの回答だったのでしょう）。そして彼は、自らのオペラを、言葉（詩）と音楽だけでなく舞台美術や演技のすべてを統合した「総合芸術作品」として性格づけて、伝統的なオペラ形式と同じではない新たなものであることを強調するために、それを「楽劇」と呼びました。

ヴァーグナーの「楽劇」という考え方の特徴は、あくまでも「音楽」（歌とオーケストラ――声楽と器楽――が一つに統合された全体としての音楽）を中心にすえていることです。「楽劇」では、器楽部分、アリア、レチタティーヴォなどが明確な区分なしに融合した音楽が、途切れることなく続いていきます（ヴァーグナーは自ら、それを「無限旋律」という言葉で言い表しています）。そうした持続的な音楽は、それ自体で、あたかも一曲の交響曲や交響詩のように、一つのドラマ（詩）の表現を成しています。歌われる言葉――彼はいつも自分でオペラ台本を書きました――は、いわば、その音楽が表しているドラマを理解しやすく補強するものであるにすぎず、舞台上の情景や演技は、それを目に見える形に展開したものでしかないのです。

つまりヴァーグナーにとって「楽劇」は、オペラであるとともに（あるいは、オペラである以前に）「音楽」であり、その意味で、ベートーヴェンの交響曲の探究を引き継いで、さらにそれを超えでるものだったのでしょう。

ヴァーグナーはまた、劇中の重要な登場人物や、象徴的な役割をもつ事物や想念のそれぞれに、特定の旋律（それを「示導動機（しどうどうき）」と呼びます）をあてがう手法をとっています。これに似たやり方は、前にお話ししたベルリオーズやリストが交響曲や交響詩で用いていますが、ヴァーグナーはそれをオペラに適用して、さかんに活用しています。そうすることによって、そこでの「音楽」によるドラマが、観客にとってよりわかりやすい具体的な形で舞台上の演劇と緊密に結びつけられるだけでなく、劇の展開にいっそうの深みを与えることが可能になります――例えば、ある登場人物を示す示導動機が、その人物が現れない場面で演奏されれば、たとえそこにその人の姿がなくとも、それがその人にかかわりのある場面であることが暗示されることになるのです。

「楽劇」のこうした主要な特徴は、ヴァーグナーの比較的初期の作品、つまり、ヴェーバーなどのロマン主義オペラの伝統を受け継いだ《さまよえるオランダ人》［一八四一～四二：北欧の幽（ゆう）霊船（れいせん）伝説に基づく物語］や、《タンホイザー》［一八四三～四八：ドイツ中世のミンネジンガーの物語］にも表れはじめています。そして《ローエングリン》［一八四六～四八：中世の「アーサー王伝説」に登場する白鳥の騎士の愛と戦いの物語」では、それまでにない大規模なオーケストラが用いられ、その威力が活用されています。そこではすでに、交響楽的なオペラとしての「楽劇」が実質的に実現されています。

《ローエングリン》の後、ヴァーグナーは、『ニーベルングの歌』〔一二〇〇年ごろに中世ドイツ語で書かれた伝説的な叙事詩〕に強くひかれて、それに基づいて詩劇を書きます。そしてそれを、本格的な「楽劇」に仕立てる計画をたてます。それが、四篇から成る巨大な連作オペラ《ニーベルングの指環》です。四篇のうちの最初の二篇――《ラインの黄金》と《ヴァルキューレ》――と、第三篇《ジークフリート》の一部は一八五七年までに書かれましたが、第四篇の《神々の黄昏》ができて連作全体が完成したのは、一八七四年でした。上演に四晩もかかるこの記念碑的な大作全体の初演は、一八七六年にバイロイトの祝祭劇場で行われました。その劇場は、ヴァーグナーの芸術に心酔したバイエルン王ルートヴィヒ二世〔在位一八六四～八六〕が作曲者の指示にしたがって建てさせたもので、それ以後こんにちまで、ヴァーグナー愛好家の聖地になっています。

《ニーベルングの指環》の作曲を中断している間に、ヴァーグナーは、さらに二つの楽劇を書いています。すなわち、《トリスタンとイゾルデ》〔一八五七～五九：ゴットフリート・フォン・シュトラスブルク〔一二一〇頃没〕によって中世ドイツ語の一種で書かれたロマンスに基づく、伝説的で悲劇的な愛の物語」と、《ニュルンベルクのマイスタージンガー》〔一八六二～六七：ルネサンス期ドイツに実在したマイスタージンガー(親方歌手)の歴史的事実に基づいた物語」です。

これら二つの作品は、題材の点でも、音楽語法の点でも、対照的な性格をもっています。つまり、《ニュルンベルクのマイスタージンガー》は、軽い恋の出来事とユーモアに満ちた人間劇で、その音楽は、ヴァーグナーの楽劇の中では例外的といえるほど全音階的な響きに支配されています。それに対して、《トリスタンとイゾルデ》は、宿命的な愛の象徴的な物語であって、その音楽は、きわめて半音階的です。

音楽によってひじょうに激しい感情を表現しようとする場合に半音階的な書法が用いられることは、前にお話ししました――第二章で触れたルネサンス末期のジェズアルドや、第三章に出てきたバロック初期のモンテヴェルディの半音階的手法を想い出してください。その伝統を受けて、ヴァーグナーはこの作品で、強い感情表現のために極端に半音階的な和声を多用したのでしょう。

和声が極端に半音階的になると、調性があいまいになり、その音楽が何調なのかがはっきりしなくなります。つまり、調性は安定せずに流動し、浮遊し続け、そのために音楽構造の段落(区切り)が不明確になるので、切れ目のない音楽(「無限旋律」)の持続性がいっそう強められます。じつのところ、《トリスタンとイゾルデ》でのそのような和声法は、バロック時代以来二世紀半ほどにもわたって音楽構造の基礎であり続けた調性の原理をゆるがすものでした。

永遠に果てることなくたゆたい続けるかのようなこの「無限旋律」は、大オーケストラのダイナミックな響きの奔流となって、観衆を包みこみ、圧倒し、そしていやおうなしに劇の中に巻きこんでしまいます。ちょうどヨハン・ゼバスティアン・バッハのオルガン曲の壮大な音響の渦が聴き手を宗教的な恍惚に誘うように、ヴァーグナーの円熟期の楽劇は、観衆を神話的な世界に引きこむ神秘的な宗教の儀式であるかのようです。ヴァーグナー自身もきっと、そう意識していたのでしょう。彼は、最後の作品となった《パルジファル》〔一八七七〜八二:中世の聖杯伝説を題材にした神秘劇〕を、自ら「舞台神聖祝典劇」と呼んでいます。

(四) 民族の声

一九世紀半ばになると、「一八四八年の革命」(フランスの二月革命、ドイツの三月革命など)に象徴されるように、国民主権国家への意識が高まりました。実際に多くの国々の政体がそのように改まるのはずっと後のことだったとはいえ、国家が君主や特権階級のものではなく、労働者も含めた市民——すなわち、一つの統合された社会組織(「国」)の構成員である「国民」——のものであるという考えが広まっていきました。そして当時、「国民」という言葉は、「民族」とほぼ同じ意味合いで理解されていましたから(実際、英語の「nation」という言葉は、国民、民族、国のどれをも意味しますし、フランス語やドイツ語でも同様です)、そこで、一つの民族が一つの国を成すという考えが形作られることになります。

　この考え方の下では、「民族」が国民の（すなわち国の）アイデンティティーの鍵になり、そして、自分が属する民族こそが最も優れているという意識が強まります——それを「ナショナリズム」（「民族主義」、あるいは「国民主義」などと訳されます）といいます。このようなナショナリズムの風潮は、音楽にも大きな影響を与えました。ヨーロッパじゅうのいろいろな国と地域の作曲家たちが、自らの民族の伝説や歴史を題材にしたり、民俗音楽の旋律を取り入れたりすることで、国民（国）の統合・団結と独立を鼓舞するような作品を数多く作るようになります。

　例えば、ヴァーグナーの代表的なオペラが、ドイツや北欧の（つまり、ゲルマン民族の）伝説や神話を題材にしていることも、彼のドイツ人としてのナショナリズムのあらわれです（ちなみに、ナショナリズムはしばしば、とても残念なことに、異民族に対する反感、嫌悪、蔑視、排斥といった負の面を併せもっていて、ヴァーグナーは、メンデルスゾーンや、自らの初期のオペラで直接大きな影響を受けたマイヤーベーアの音楽を、彼らがユダヤ人であるというだけの理由で、価値の低いものであると断定してしまっています）。

　ヴァーグナーはドイツの例ですが、じつのところ、ふつう音楽史では、ドイツやフランスやイタリア（つまり、それまで芸術音楽の歴史を牽引してきた国々）の音楽を、とりたてて「民族主義」という名の下で呼ぶことはあまりありません。あえて「民族主義の音楽」（「国民楽派」ともいいます）

という場合、それが指しているのは、たいてい、東欧やロシア、北欧、あるいはスペインといった国々におけるナショナリズムから生み出された音楽様式のことなのです。それには、次のような理由があります。

民族のアイデンティティー(他の民族と異なる特徴)を最もはっきり示している音楽は、民俗音楽——つまり、民謡や民俗楽器の音楽——です。ですから、ナショナリズムの意識に燃えた作曲家たちは、民俗曲の旋律(あるいは、それに似せて作った旋律)を、積極的に自らの作品で用いました。当時のドイツなどでの民衆的な音楽のほとんどは、長調・短調の音階にそったものになっていたので、それを作品に取り入れたとしても、とりたてて目新しい響きの音楽になるわけではありません。それに対して、東欧やロシアなどをはじめとするヨーロッパの地理的中心から離れた国々で歌われていた民俗旋律のようすはだいぶちがっていて、それぞれに異なった音階(旋法)に基づいていましたから、その旋律を用いて作曲すると、独特の響きと雰囲気の音楽が生まれます。そうした民族主義的な様式をもつ音楽が、「民族主義の音楽」と呼ばれているわけです。

とはいえ、これまでの一九世紀音楽史において「民族主義」というレッテルを張られている音楽のすべてが民族主義的な様式なのかというと、じつはそうでもないのです。それは、「ナショナリズム」という言葉のもう一つの面、すなわち、「国民的」という意味合いにかかわっています。つまり、たとえはっきりと民族主義的な様式の特徴をそなえていなくても、国民の統合の象徴として受けとられる音楽（そしてその作曲家）であれば、それもやはり「民族主義」（この場合は、「国民楽派」という訳の方がその意味合いをよく伝えています）と呼ばれているのです。

それでも、ドイツやイタリアなどで国民的な存在となっていた音楽や作曲家たち――例えば、ベートーヴェンやヴァーグナー、そしてヴェルディなど――がそう呼ばれないことは、前にも触れたとおりです。要するに、「国民楽派」あるいは「民族主義的な音楽」は、いわば、ヨーロッパの「辺境（へんきょう）」の国々の国民的な芸術音楽を指す呼び名なのです（そこには、ヨーロッパ芸術音楽文化の中核を自負する国々――とくに一九世紀のロマン派音楽を牽引したドイツ――を中心にした歴史観が映っています）。

「民俗的なもの」と「普遍的なもの」

ベドルジフ・スメタナ［一八二四～八四］と、アントニン・ドヴォルジャーク［一八四一～一九〇四］は、ボヘミア（現在のチェコの一部にあたり、当時はオーストリア帝国の支配下にありました）の代表的な民族主義作曲家です。スメタナは、とくに六曲の交響詩から成る連作交響詩《わが祖国》［一八七二頃～七九］で知られています。交響詩をはじめとする標題的な音楽形式は、民族的な表現意図を明確に掲げるためにはうってつけの手段です。ですから、民族主義の作曲家たちがたくさんの標題的な作品を遺したのはとうぜんのことでしょう。

しかし彼らは、けっして標題音楽だけに傾いていたわけではなく、むしろ、抽象的な形式（交響曲、協奏曲、弦楽四重奏曲など）の作曲に熱心だったのです。こんにち最もよく知られているドヴォルジャークの作品が、交響曲第九番《新世界より》［一八九三：チェコではなく、アメリカ（「新世界」）の先住民の音楽に似た旋律を用いた作品。これによってドヴォルジャークは、アメリカの作曲家たちにアメリカらしい音楽を作ることを促（うなが）そうとした、と言われています」やチェロ協奏曲［一八九四〜九五］などであることからも、それがうかがえるでしょう。

民族主義作曲家は、ナショナリストであるとともに――いや、むしろ、ナショナリストである以前に――、ロマン主義の作曲家であり、芸術家でした。ですから、彼らが追求したのは、なによりもまず「芸術作品」としての音楽であり、そこでの民俗的な要素は、とても重要ではあっても、絶対に不可欠なものではありません。ですから、その国の人々にとって民族統合の象徴になったような作品（つまり、「国民的な」意味合いをもつ曲）も、常に民族主義的な音楽様式を特徴としているとはかぎらないのです。

そして作曲家たちは、民俗曲の旋律を用いる場合でも、単に民族的であるだけでなく、民族的であるとともに普遍的な芸術性をそなえた音楽を目指しました。民謡は、民族の象徴ではあっても、そのままでは芸術作品としては不十分です。そこで彼らは、民謡の旋律を素材にして、交響曲や協奏曲など――つまり、本格的な芸術音楽作品――を作りあげることに情熱をそそいだのです。民俗的なものをそのように芸術化することで、芸術の普遍的な価値の高みで民族の精神を称揚することができる。民族主義作曲家たちは、そう考えたのでしょう。

そうした作曲家たちは、民俗的な素材を用いつつも、基本的に、古典派以来の芸術音楽伝統の規範に則した形式の範囲内で作曲しました。そして、旋法的な民俗的旋律にも、いくらか強引に伝統的な調性の和声をつけています。そのような旋律と和声の組み合わせは、新鮮な響きを生み出しますが、それはいわば、伝統の上に施されたちょっとちがった味付けであって、伝統を覆すような異様な新しさではありません。だからこそ、民族主義作曲家たちの作品は、古典派・ロマン派の音楽を主導してきたドイツやフランスやイタリアといった国々の聴衆に、心地よく異国的な音楽として受けいれられたのです。

民族主義（あるいは「国民楽派」）の作曲家は、いろいろな国に現れ、こんにちでも演奏されることの多いたくさんの優れた作品を生み出しました。

ノルウェーのエドヴァルド・グリーグ［一八四三～一九〇七：劇音楽《ペール・ギュント》（一八七五）、ピアノ協奏曲（一八六八）など］、そしてやや遅れてフィンランドのジャン・シベリウス［一八六五～一九五七：《レンミンカイネン組曲》（一八九六）、交響詩《フィンランディア》（一八九九）など］、デンマークのカール・ニルセン［一八六五～一九三一：交響曲第四番（一九一六）など。国民的な作曲家ですが、その音楽様式はけっして民族主義的ではありません］、スペインのイサーク・アルベニス［一八六〇～一九〇九：ピアノ組曲《イベリア》(一九〇八)など」、エンリケ・グラナドス［一八六七～一九一六：ピアノ組曲《ゴイェスカス》(一九一一)など」、マヌエル・デ・ファリャ［一八七六～一九四六：交響的印象《スペインの庭の夜》(一九一六)、バレエ《三角帽子》(一九一九)など」、モラヴィア(現在のチェコ東部)のレオシュ・ヤナーチェク［一八五四～一九二八：オペラ《イェヌーファ》(一九〇三)など」、ハンガリーのゾルタン・コダーイ［一八八二～一九六七：無伴奏チェロ・ソナタ(一九一五)など」、また、イギリスのレイフ・ヴォーン・ウィリアムズ［一八七二～一九五八」やグスターヴ・ホルスト［一八七四～一九三四：よく知られている組曲《惑星》(一九一六)は、民族主義的ではありません」なども、民族主義的な作品を書いています。

しかしなんといっても、ロシアの作曲家たちについてお話ししないわけにはいきません。ロシアには、一九世紀の民族主義の音楽の代名詞のように言われる作曲家たちが何人も現れたのです。

ロシア

一九世紀の最後の数十年間のヨーロッパで最も広く名を知られていたロシアの作曲家は、ピョートル・イリイチ・チャイコフスキー［一八四〇～九三］でした。チャイコフスキーの交響曲や協奏曲は、おもにベートーヴェン、シューベルト、シューマンなどを範とした形式によって書かれていて、瀟洒(しょうしゃ)な旋律(せんりつ)の魅力にあふれていますが、とりたてて民族主義的というわけでもありません。とはいえ、オペラ《エウゲニイ・オネーギン》〔一八七八〕と《スペードの女王》〔一八九〇〕は、ロシアの作家アレクサンドル・プーシキン〔一七九九～一八三七〕の小説を題材に用いています。

また彼は、《白鳥の湖》〔一八七六〕、《眠れる森の美女》〔一八八九〕、《くるみ割り人形》〔一八九二〕といったバレエ曲でもよく知られています。こうした作品は、オーケストラの響きの色彩的な効果を活かした、性格的小品の連作のような形をとっています。

かつて宮廷で上演されていたバレエは、一九世紀のフランスでアドルフ・アダン〔一八〇三～五六：代表作は《ジゼル》(一八四一)〕、レオ・ドリーブ〔一八三六～九一：代表作は《コッペリア》(一八七〇初演)〕などの手で、オペラと同じように市民の楽しみとなって流行しました(それらは、音楽的には凡庸なものです)。当時のロシアの貴族文化は、フランスの宮廷文化から強い影響を受けていたので、そこにチャイコフスキーの音楽的にも質の高いバレエ作品が生まれたわけです。

しかし、ロシアの民族主義音楽の推進に大きな役割を果たしたのは、チャイコフスキーではなく、「五人組」と呼ばれる一群の作曲家たち——ツェザリ・キュイ〔一八三五～一九一八：フランス語名でセザール・キュイとも呼ばれます〕、ミリイ・バラキレフ〔一八三七～一九一〇〕、モデスト・ムソルグスキー〔一八三九～八一〕、アレクサンドル・ボロディン〔一八三三～八七：オペラ《イーゴリ公》(一八六九～八七)、交響曲第二番(一八六九～七六)など〕、そして、ニコライ・リムスキー゠コルサコフ［一八四四〜一九〇八］――です。

これらの作曲家たちは、バラキレフを除けば、正規の（ドイツ的な）作曲教育を受けておらず、音楽学校で教えられるような古典的で保守的な音楽規範に反発を感じていました。そして彼らは、当時のヨーロッパの「先進的な」作曲家たち（例えば、シューマン、ショパン、ベルリオーズ、リストなど）の姿勢に触発されて、そうした音楽の特質を押し拡げ、そこにロシアの民俗的な要素（旋律や音階）を積極的に取り入れて、それぞれに、自らの音楽を探求したのです。

彼らの中でも、きわだって個性的な音楽を遺したのが、ムソルグスキーです。オペラ《ボリス・ゴドゥノフ》［一八六八〜六九、改訂一八七一〜七四］、オーケストラのための《禿山の一夜》［一八六七］、そして、ピアノ組曲《展覧会の絵》［一八七四：後にラヴェルの管弦楽編曲によって有名になりました］など、こんにちでも比較的よく演奏される作品にもあらわれているように、彼の音楽には、同時代のロシアを生きた作家フョードル・ドストエフスキー［一八二一〜八一］の小説にしばしば感じられるような、心の奥底の暗闇に渦巻く感情の生々しい表現がみられます。しかしそうした作品は、当時の「正統的な」芸術音楽に親しんだ人の耳には、粗野で未熟な音楽と受け取られかねませんでした。

そうした「粗野な音楽」という印象を意識して改めようとしたのが、リムスキー＝コルサコフです。彼は、作曲技術を学びなおし、卓越した管弦楽法を駆使して、華やかで洗練された数多くのオーケストラ作品（交響組曲《シェヘラザード》［一八八八］など）を書きましたが、それと同時に、ムソルグスキーなどの作品を改訂することにも力を注ぎました。

そうした改訂は、曲を洗練化した一方で、もとの曲の野太い表現性を薄めてしまったと言えるかもしれませんが、そのおかげでそれらの作品が広く知られるようになったことも事実です（こんにち私たちが聴いているのは、ほとんどの場合、この改訂版です）。そして、ボロディンが未完のまま残したオペラ《イーゴリ公》を（アレクサンドル・グラズノフ［一八六五〜一九三六］と共に）完成したのもリムスキー＝コルサコフでした。

また彼は、ロシア民謡を編曲し、自らの作品の中に取り入れ、そして、いくつかのオペラでは、民俗曲にみられると言われている八音音階（全音と半音の交互のくり返しから成る音階。一オクターヴに八つの音が入ることになることから、こう呼ばれます）や、さらには全音音階（全音のみの積み重ねから成る音階）といった特殊な音階による旋律を書いています。これらの特殊な音階の使用は、やがて、より新しい音楽語法の探究を推し進める次世代の（つまり、二〇世紀の）作曲家たちにとって、重要な技法の一つになります。

(五)「過去」に対する意識

作曲家たちの民謡への関心をつき動かしたのは、民族独自の音楽とそのルーツを見きわめて、そこから民族のアイデンティティーを表すような国民的な音楽を実現したいという欲求でした。ルーツの探究とは、言いかえれば、民族の過去を振りかえることにほかなりません。そう考えてみれば、当時のドイツの作曲家たちが、ドイツ音楽の過去に大きな関心を抱いたことにもうなずけるでしょう。

ヨハネス・ブラームス［一八三三〜九七］の音楽には、ドイツ音楽の輝かしい遺産――とりわけ、ベートーヴェン――への意識が色濃く映っています。彼は、ベートーヴェンを意識するあまり、四三歳になるまで最初の交響曲(第一番［一八七六］)を作曲する勇気をもてずにいたほどですが、生涯に四曲の傑出(けっしゅつ)した交響曲を遺しました。それらは、ベートーヴェンの交響曲の伝統の上にしっかりと立っていますが、人間の気高さと尊厳を高らかに(ときには英雄的な調子で)謳(うた)うベートーヴェンとは対照的に、深い熟考を感じさせる内的で細(こま)やかな表現に満ちています。

ブラームスは、オペラには見向きもせず、ベートーヴェンを範として、交響曲や室内楽曲といった抽象的な器楽曲の作曲に邁進(まいしん)し、また、器楽曲に標題をつけることも好みませんでした。そうした姿勢は、当時の進歩的な傾向――つまり、音楽を文学や演劇といった他の芸術分野と融合し、半音階的書法を大胆（だいたん）に用いて音楽表現の新たな可能性を探っていたリストやヴァーグナーといった作曲家たちの音楽——を支持した人々の眼には、保守的で古臭く見えたにちがいありません。

しかしその一方で、歌詞や標題といった「言葉」に頼ることのない抽象的な器楽曲にこそ、言葉で具体的に表し得る表現内容を超えた深遠（しんえん）な意味があると考える人たちによって、ブラームスの器楽曲は高く評価されました。

絶対音楽と標題音楽

抽象的な器楽曲こそが深い意味合いをもつという考えをとくに称揚したのは、ヴィーンで活動した音楽学者・評論家エドゥアルト・ハンスリック〔一八二五～一九〇四〕でした。彼は、『音楽美について』〔一八五四〕と題した著書で、音楽は人の感情を揺り動かしはするが、音楽の美は、そうした感情や表現内容にではなく、「形式」（つまり、鳴り響いて動いている音響の形そのもの）にある、と主張しました——表現内容よりも形式を重視するこの考え方を、「形式主義」といいます。そして、そうした音楽美を最もよく体現しているのは、純粋に音響の構成だけで成り立っている抽象的な器楽曲（それを「絶対音楽」といいます）なのです。

したがって絶対音楽は、標題音楽（すなわち、言葉による標題によって表現内容が示され、強調されている器楽曲）とは対立する関係にある理念です。とはいえ、前に「交響詩」のところでお話ししたように、標題音楽も、標題抜きに抽象的な器楽曲として聴くことができますし、逆に、ブラームスが抽象的な器楽曲の作曲にあたって、何かしら物語的な筋書きを頭において音楽の成りゆきを作っていた節もあるのです。

要するに、絶対音楽と標題音楽の区別や対立は、実質的にはあまり明確でなく、いずれにせよ、一九世紀半ば以降の器楽曲の多くは、両方の要素を同時に含んでいるのです。そこには、たがいに対立し矛盾し合うものを一緒に飲み込んで一つにするという、ロマン主義芸術の一特質があらわれています。

歴史主義

ブラームスの過去の音楽への関心は、ベートーヴェンやバッハにとどまらず、モーツァルト、ハイドン、シュッツ、さらにイサークやパレストリーナと、遠くルネサンス時代の作曲家にも広がっています。そこから、歴史に対するブラームスの意識が読み取れるでしょう。つまり、彼の過去への関心を誘ったのは、音楽の生成と発展の歴史の中に自らの音楽を位置づけようとする意思なのです——そうした姿勢を、「歴史主義」といいます。

もちろん、ブラームスが関心を寄せた過去の音楽のほとんどがドイツ語圏の作曲家のものであることからも明らかなように、彼の歴史主義は、ドイツの民族主義と結びついています。ブラームスの作品では、ときに、ベートーヴェンやバッハの旋律に基づいて作られたと思われる旋律が現れたり、また、バッハ以後忘れられていたバロックの変奏曲形式であるパッサカリアが活用されていたり、過去の音楽との具体的で意識的な関連が見られます。それはまさに、自らをドイツの音楽伝統の継承者として位置づけようとする、彼の歴史主義的な姿勢のあらわれです。

一九世紀の終わりに向かって、歴史主義的な姿勢をとった作曲家は、けっしてブラームスだけではありません。例えば、オーストリアの作曲家で、ヴァーグナーを想わせる半音階的な(すなわち、当時の「進歩的」な)書法をとり込みつつも、古典的で重厚・長大な交響曲を書いたアントン・ブルックナー〔一八二四〜九六〕は、いくつかの宗教的声楽曲で、パレストリーナと見まがうようなルネサンス的なポリフォニー様式を用いています。もっともそれは、当時のローマ・カトリック教会の典礼改革運動によって、古式に倣った典礼音楽が求められたからで、もともと民族主義とはあまりかかわりがなかったようです(ブルックナーは、かつてドイツ人が自分たちの祖先と見なしたアーリア人種を象徴する作曲家として語られることがありましたが、それは、後の時代にナチス政権の文化政策によってねつ造されたイメージです)。

じつのところ、歴史主義は、さまざまに異なった意図と結びつきつつ、一九世紀末から二〇世紀初めにかけて、多くの作曲家たちの音楽に大きな影を落としています。少し誇張した言い方をすれば、今や歴史を意識せずには創作など成し得ない時代が到来したのです。過去の音楽を範として掲げる保守的な姿勢をとるにしても、また、それまでの因襲を打破して音楽の新たな可能性を探求する革新的な姿勢をとるにしても、つまり、伝統を尊重するにせよ改めようとするにせよ、まずはその伝統の歴史を意識しなければ何もはじまりません。そして、二〇世紀には、こうした歴史への強い意識が、多様な音楽様式を形成する原動力として働くことになります。

(六) ロマン派音楽の夕照

一九世紀から二〇世紀への変わり目ごろのオーケストラ曲には、しばしば、ひじょうに大規模な楽器編成を用いたものが見受けられます。オーケストラの規模の拡大は、ひとつには、演奏会場が大きくなったからでしょう。興行を入場料収入でまかなうためには、大勢の聴衆を収容できるホールで演奏する必要があります。そして、大きなホールの大きな舞台には、大勢の演奏者から成る巨大なオーケストラを載せることができます。とはいえ、オーケストラの大型化には、もちろん、音楽的な理由があります。

ロマン派の作曲家たちは、すでに一九世紀半ば前から、音楽表現の重要な要素として、旋律と和声だけでなく、オーケストラが生み出す大きな響きの力と繊細で多様な音色を積極的に活用するようになりました。楽器編成の拡大は、作曲家たちに、さらに豊かな響きと音色の可能性を——より豊かな表現手段を——もたらすことになります。ヴァーグナーは、半音階的な和声を探究しただけでなく、そうした響きの可能性の勇敢な開拓者でもありました。

そして、言わばヴァーグナーの後を受けて、ヴィーンで活動したグスタフ・マーラー［一八六〇～一九一一］と、ドイツのリヒャルト・シュトラウス［一八六四～一九四九］は、それぞれに、オーケストラの響きの効果の活用をさらに推し進めます。

リヒャルト・シュトラウスは、巨大なオーケストラの圧倒的な響きの効果を自在に駆使したいくつもの交響詩（《ティル・オイレンシュピーゲルの愉快な悪戯》［一八九五：標題はドイツの民話に基づいています］など）や標題交響曲、さらに《薔薇の騎士》［一九一〇：一八世紀のヴィーンを舞台にした喜劇。モーツァルトのオペラを意識して作られているように思えます］などのオペラ作品で知られています。彼のオーケストラ音楽の華麗な響きの奔流は、かなり古典的な（ロマン派が古典派から受け継いだ）形式に枠づけられていて、それがリストの交響詩の伝統の上に立っているのは明らかです。

マーラーは、高名な指揮者でもあり、オーケストラの性能を知り尽くしていました。彼の作品——九曲の交響曲と、独唱とオーケストラのための作品（《大地の歌》［一九〇八：歌詞は、中国唐代の李白などの詩のドイツ語訳］など）——では、大規模な楽器編成を巧みにあやつって、曲の各場面にふさわしいさまざまな響きの色彩をみごとに生み出しています。

マーラーの交響曲は、基本的には、やはり古典的な形式の枠組みの中で作られているのですが、どの作品もひじょうに長大です。それぞれの交響曲は、音でつづられた長篇小説（つまり、「ロマン」）だと言ってもよいでしょう。その意味でマーラーは、ベートーヴェンの交響曲の伝統を継承しています。

しかし、ベートーヴェンの交響曲が、普遍的な人間性の理想を描いていたとすれば、それに対して、マーラーの交響曲に映っているのは、高尚なものも俗っぽいものも混ざり合った世界の中で心の底に不安や欲望を抱きつつ生きる人間（それは、同時代の同じヴィーンの精神分析学者ジークムント・フロイト〔一八五六～一九三九〕が暴いてみせた人間像につながりがあるでしょう）が、はるかなる無限の気高さを求めていく、夢の物語であるように感じられます。それは、ロマン派音楽の特質のすべてを包含（ほうがん）する大きな記念碑のように、ロマン派の時代の最後をしるしています。

（七）娯楽（ごらく）

ところで、「芸術としての音楽」の時代の音楽がすべて高尚な芸術作品ばかりであったわけではありません。気楽な楽しみのための音楽も、とうぜん、さかんでした。

大きな都市では、オペラよりもっと気軽に楽しめるオペレッタ〔「小オペラ」の意。現代に喩（たと）えれば、ミュージカル・ショーのようなもので、もともとは一八世紀末のジングシュピールとつながりがあります」が、大いに流行しました——例えば、パリでは、ジャック・オッフェンバック〔一八一九～八〇〕の《地獄のオルフェ》〔一八五八：日本では「天国と地獄」という題名で知られています〕、ヴィーンではヨハン・シュトラウス〔一八二五～九九：同名の父〔一八〇四～四九〕と区別するために、シュトラウス二世とも呼ばれます〕の《こうもり》〔一八七四〕、フランツ・レハール〔一八七〇～一九四八〕の《陽気な未亡人》〔一九〇五：日本では、英訳の「メリー・ウィドウ」で知られています〕、ロンドンでは、アーサー・サリヴァン〔一八四二～一九〇〇〕とウィリアム・ギルバート〔一八三六～一九一一：台本の執筆を担当〕の《ミカド》〔一八八五：ミカドは、日本の「帝」です〕など、といった具合です。

また、社交界の舞踏会では、ワルツが人気を集めました。ヨハン・シュトラウス父子のそうした曲は、こんにちでもよく演奏されています。

もっとも、オペレッタやワルツは、裕福な市民や上流階級の人たちの娯楽で、当時の労働者階級には縁のないものでした。産業革命をいち早く成しとげたイギリスでは、一九世紀後期には、工場労働者の数が膨大に増え、そうした人たちが仕事の後でストレスを解消するために大いに飲み食いをしながら、ショーや音楽を楽しむ場所として、ミュージック・ホールがほうぼうの町に建つようになりました。そうした場所のために、音楽の経験や知識がなくてもだれでも簡単に楽しめる曲が作られ、歌われるようになります。

それが、こんにちのポピュラー・ミュージックのはじまりです。こうした音楽には大きな需要がありましたから、それに目をつけて生まれた音楽産業は、やがて「売れる音楽」(ヒット曲)を次々と作り出していくことで、二〇世紀のポピュラー・ミュージックの市場を支配していくことになります。

(八) フランスからの新たな風

さて、芸術音楽の世界に話をもどしましょう。古典派とロマン派の音楽の展開を主導してきたのは、これまでお話ししてきたことからおわかりのように、オーストリアとドイツ(つまり、ドイツ語圏の国)でした。

フランス(とくにパリ)は、イギリスのロンドンとならんでヨーロッパの音楽の大中心地であり続け、オペラの分野では、いくつか注目すべき作品を生み出しました。しかし、器楽曲の分野では、ベルリオーズを別にすれば、この時代に国際的に大きな影響力をふるったフランスの作曲家は見あたりません(ちなみに、イギリスにいたっては、一人の名をあげることさえできません)。例えば、セザール・フランク[一八二二~九〇:ベルギー生まれ。パリで教会オルガン奏者を務め、オルガン曲や宗教曲でも知られています」は、良質の交響曲［一八八八］やいくつかの室内楽曲を遺しましたが、古典的な形式の枠組みの中でリストやヴァーグナーを想わせる半音階的な和声を用いたその音楽語法は、明らかにドイツの傘の下にあります。

フランスの音楽家たちが、民族主義の趨勢にこたえてフランス的な音楽を生み出すことを強く意識しはじめたのは、悲惨な普仏戦争の後の愛国主義の高まりのなか、一八七〇年代のことでした。過去のフランス音楽の遺産（例えば、バロック時代のクープランなど）を保護し、若い作曲家たちを支援するための組織も作られます。

そうした空気の中で活動した作曲家の一人が、ガブリエル・フォーレ［一八四五～一九二四］です。彼はマスネやエルネスト・ショーソン［一八五五～九九］とならぶ（あるいは、彼らを凌駕する）、「メロディー」［フランスの芸術歌曲のことをそう呼びます］の作曲家でした。そして、オーケストラと合唱のための《レクイエム》［一八八八：死者の安息を祈るミサ曲ですが、この作品は演奏会用の曲として作られています］もよく知られていますが、室内楽やピアノ曲にも優れた作品を遺しました。

フォーレの音楽は、しばしば半音階的な和声に彩られていますが、そうした和声から生み出されるのは、ヴァーグナーやリストの濃厚な感情表現とは対照的な音楽、すなわち、大仰な重々しさとは無縁の、抑制された、美しく繊細な均衡を保つ瀟洒な響きの世界です。そうした響きの質には、バロック時代のフランスの音楽（とくに、クラヴサン曲）以来の「フランス的な」好みがあらわれていると言えるでしょう。

しかし、ロマン派のドイツ音楽の優位を打ち破って、二〇世紀のフランスで新たな音楽への扉を開く決定的な一歩を踏み出すのは、フォーレの次の世代の作曲家、ドビュッシーでした。それについては、次の節でお話しすることにしましょう。

（Ⅲ）モダニズム

（20 世紀）

なじみのない音楽に演奏者は大混乱。それでも指揮台のシェーンベルクはタクトを振り続けます。1913 年。

（一）「新しさ」を求めて

二〇世紀に入って間もなく、アメリカの詩人エズラ・パウンド［一八八五〜一九七二］は、「創始でも発明でも発見でもないような芸術作品はどれも無価値である」（「私はこのように始めた」［一九一三］）と、檄（げき）を飛ばしています。これまでにない新しさがなければ、価値がない。そう主張するこの言葉は、かなり極端ではありますが、モダニズムの時代の芸術家たちの姿勢と気分をよく表しています。

ルネサンス以来（あるいは、それ以前からも）、音楽家たちは新たな様式を求め続けてきましたし、それが創作を駆（か）りたてる大きな原動力であったことはたしかなのですが、二〇世紀には、「新しさ」への希求が、それまでとは比較にならないほど強まります。そして、その希求は、「現代的」であろうとする意志によって支えられています。つまり、今の人間が生きている世界は、昔とはちがっているのだから、今にふさわしい新たな芸術を創造しなければならない、というわけです。そして、そうした姿勢を「モダニズム」〔「現代主義」〕と呼びます。

人間の理性こそが秩序ある平安と豊かな未来をもたらすという、啓蒙主義思想の信条を引き継いで、一九世紀から二〇世紀へと、科学とテクノロジーの進歩はますます速度を加えました。それによって、社会は高度に産業化され、人間の生活は大きく変化します。ただしそれは、必ずしもバラ色の未来の実現ではありませんでした。産業を支配する資本家階級の人々が便利で豊かな生活を享受する一方で、資本家の利潤追求によって搾取される労働者階級の人々が強いられる生活は、抑圧された厳しいものです。こうした社会の矛盾と歪みによって、「秩序ある平安」とはほど遠い、不安の時代が現出します。

さらにまた、科学（すなわち、理性の術）によって世界と人間とを解き明かそうとする趨勢に押されて、キリスト教の信仰の威力が弱まっていくにつれて、「人間」というものについての考え方が変わり、人間存在の意味——人間（私）はなぜ、何のために存在するのか——が問われるようになり、そこからも深い心の不安が生じることになります。多くの詩人や画家や音楽家たちが、こうした現実に敏感に反応します。古典主義の理想や、ロマン主義の無窮の夢は、もはや過去のものだ。いまや芸術に求められているのは、新たなる価値——未知なる価値——を見出していくことである。芸術家たちは、そう感じるようになったのです。

もちろん、新しくさえあれば何でも価値があるとは言えないでしょうが、そもそも新しくなければ現代的ではありません。ですからパウンドの言うように、少なくとも新しいものでなければ、現代の芸術作品として意味をもち得ないのです。そして、求めるべき新たなる芸術は、未知のものなのですから、それを探求するためには、まず、伝統を打ち破って、それまでになかったものを作ってみるしかありません。つまりそこでは、「新しさ」こそが、ひじょうに大きな重要性をもつのです。

多様式の時代

ところで、未知なる価値の探究といっても、未知のものをはっきり一つに見定めるのは難しいことです。したがって、新たなる芸術が具体的にどのようなものであるべきかについては、人によって見方と考え方が異なります。

現代の新たな音楽を求める作曲家たちは、それまでの音楽伝統を改変したり打ち壊したりすることによって、過去のものとは異なった音楽を実現しようとする点では皆共通しているのですが、それぞれに、伝統のどの面に着目して、どのようにして、どの程度それを改めようとするかについてはさまざまです。そうした相違は、それぞれの作曲家たちが創る音楽の様式のちがいとしてあらわれます。その結果、二〇世紀には、どの時期をとってみても、一つの同じ時期に複数の異なった音楽様式が併存するようになります。

一九世紀までの西洋音楽の各時代にあっては、旧様式と新様式が交差する時代の境目の時期を別にすれば、一つの同じ時期の音楽は、(たとえ、地域や作曲家によって異なった相貌があるにしても)基本的に一つの同じ音楽様式に基づいていました。ですから、多様式の併存は、モダニズムの時代の大きな特徴の一つだといえるでしょう。

(二) 音の文様

一九世紀末から二〇世紀初めにかけて、当時の「新しい芸術」の中心地であったパリで活動したクロード・ドビュッシー〔一八六二〜一九一八〕は、「これからは、音のどんな組み合わせもどんな並べ方も、音楽の中で自由に使える」と言ったと伝えられています(ジョン・ケージ『沈黙』〔一九六一〕)。彼がほんとうにそう言ったのかどうか、定かでないところもあるのですが、実際にドビュッシーの音楽に接してみると、そうであっても不思議ではないと思わされます。

オーケストラのための《牧神の午後への前奏曲》〔一八九五〕、《夜想曲》〔一九〇〇〕、《海》〔一九〇五〕といった大規模な曲でも、《前奏曲集》〔第一巻 一九一〇、第二巻 一九一三〕をはじめとするピアノ独奏曲でも、バロック以来の調性音楽の和音進行の規則——第三章で少しお話ししたような和声の「文法」や、不協和音は協和音に進行して解決されなければならないといった約束——に当てはまらない和音の並置（へいち）が、いたるところにみられます。そして、旋律（せんりつ）は断片的で、形の整った「主題」はほとんど見当たらず、したがって主題の展開といったものもありません。

ドビュッシーにとって、一つ一つの和音（協和音であっても不協和音であっても、単純な和音であっても複雑な和音であっても、耳なれた和音であっても目新しい和音であっても）のそれぞれが、そして、一つ一つの旋律断片のそれぞれが、いわば、絵画における一筆一筆の色彩の小さな点や短い線のようなもの、つまり、「色彩としての響き」なのです。

そして彼は、フランスの印象派の画家たちが色彩のモザイクによって対象を描（えが）きだしたように、色彩としての響きを自由に組み合わせ、並置し、構成して、音による文様とでも言ったらよいようなようすの音楽を作ります。それは、基本的には抽象的な音楽なのですが、同時に、曲それぞれの標題を象徴的に表してもいます——その意味で、ここには一九世紀の標題音楽の伝統が引き継がれています。こうした特徴から、ドビュッシーの音楽は「印象主義」と呼ばれています。

（三）異文化の衝撃

ドビュッシーの曲には、ときおり、長調でも短調でもない音階（八音音階、五音音階、全音音階など）に基づいた旋律が現れ、それが、独特な異国情緒をかもしだしています。

一九世紀の民族主義作曲家たちが、民俗曲の音階や特殊な音階による旋律を用いて、音楽の響きに自国らしい味わいを与えようとしたことは、前にリムスキー＝コルサコフについてお話ししたときに触れました。それは、言いかえれば、そうした音階の使用が、古典派以来の典型的な長調・短調の音組織による伝統的な書法の音楽とは異なった響きをもたらす一手段になる、ということを示しています。

例えば、ドビュッシーと同じ時代のロシアに生きたアレクサンドル・スクリャービン［一八七二～一九一五］は、ショパンを想わせる書法のピアノ曲から出発しながらも、晩年のピアノ曲や、オーケストラ作品——《法悦の詩》［一九〇八］、《プロメテ、火の詩》［一九一〇］など——では、八音音階に根ざした旋律と特殊な和音（「神秘和音」と呼ばれています）に基づいて、きわめてロマン派的でありながらもひじょうに独自で斬新な響きの音楽に到達しました（ちなみに、やはり同世代のロシアのセルゲイ・ラフマニノフ［一八七三～一九四三：ピアノ協奏曲がよく知られています］が生涯を通じて旧来のロマン派の様式にとどまったのとは、とても対照的です）。

また、ハンガリーのベーラ・バルトーク〔一八八一～一九四五〕は、自国やバルカン半島諸国の民謡（みんよう）を収集、採譜（さいふ）して、深く研究し（その点で彼は、こんにちの民族音楽学研究者のさきがけの一人でもあります）、それらの音楽の音階やリズムを作曲に取り込みました。彼の初期の曲では、民俗的要素を含みながらも、ドビュッシーの影響が感じられますが、後年の作品――例えば、ピアノ曲集《ミクロコスモス》〔一九二六～三九〕、《二台のピアノと打楽器のためのソナタ》〔一九三七〕、弦楽四重奏曲第五番〔一九三四〕、《弦楽器、打楽器とチェレスタのための音楽》〔一九三六〕など――では、民俗音楽研究の成果を均整のとれた形式と融合した作曲技法を用いました（そこには、後でお話しする「新古典主義」の影響もみえます）。そうした技法によって、ひじょうに不協和で「現代的」であると同時に民族的性格の強い響きに満ちた、きわだって個性的で格調高い音楽が達成されています。

これらの作曲家たちの作品は、ヨーロッパの外縁にある異なった文化の音楽が、新たな芸術音楽の探究のための大きな資源になったことを証しています。

パリのにぎわい

一九世紀末から二〇世紀初めにかけてのパリでは、資本主義の発展がもたらした豊かな経済の下で華やかな文化が花開きました（後の人々は、この時代のパリを懐かしんで、「ベル・エポック」〔「良き時代」の意」と呼びました)。「芸術の都」となったパリには、世界中からいろいろな目新しいものが流れ込んできました。異文化の伝統芸術は、パリに集まった革新的な芸術家たちにとって、インスピレーションの重要な源の一つになったのです。美術の分野では、例えば、日本の浮世絵が印象派の画家たちに大きな影響を与え、また、パブロ・ピカソ〔一八八一~一九七三〕などがアフリカの民族的伝統彫刻に強い関心を寄せたことが知られています。

音楽も例外ではありません。一八八九年にパリで開かれた万国博覧会で演奏されたジャワのガムラン音楽は、ドビュッシーの心に深い印象を残したようです。彼は、友人に次のように書き送っています。

「ジャワの音楽を想い出してみたまえ。それはあらゆるニュアンスを表現できて、……それに比べればわれわれの主和音や属和音などは、おびえたわんぱく小僧が使う空虚な見かけ倒しみたいなものだ」(一八九五年一月二二日付、ピエール・ルイス宛の手紙)

ドビュッシーのいくつかの曲でみられる五音音階の使用は、あきらかに、ガムラン音楽の音階を想わせ、彼がその音楽から受けた衝撃を直接的に示しています。

しかし、異文化の衝撃は、アジアやアフリカといった遠い彼方だけから到来したというわけではありません。じつのところ、パリでの新たな音楽創造を強力につき動かしたのは、遠い異国よりも、むしろ、一九世紀以来ヨーロッパにとっての近しい異国であったロシアから来たひとりの興行師、セルゲイ・ディアギレフ〔一八七二〜一九二九〕でした。彼は、ロシア人のダンサー＝振付師たちを率いてロシア・バレエ団を組織し、作曲家たちに新たな音楽の作曲を依頼して、パリを中心に数多くの公演を打って大旋風を巻きおこしたのです。

ディアギレフは、リムスキー＝コルサコフの弟子で当時まだほとんど無名に近かったロシアの作曲家イーゴリ・ストラヴィンスキー〔一八八二〜一九七一〕に、次々に作曲を依頼しました。いずれもロシアの民俗的な題材に基づいた、《火の鳥》〔一九一〇〕、《ペトルーシュカ》〔一九一一〕、《春の祭典》〔一九一三〕などの作品です。

ドビュッシーの音楽と同じように、ストラヴィンスキーの音楽もまた、色彩としての和音や旋律断片を自由に組み合わせたり並置したりして作られた音の文様なのですが、彼がその音の文様で描き出したのは、ドビュッシーのような繊細でやわらかな心象風景ではありません。

例えば《春の祭典》では、ロシア民謡風の旋律断片、そしてなによりも、かつて耳にしたことのない強烈な不協和音の容赦のない反復と不規則なリズムの並置によって、遠い古代のロシアの生贄の儀式（それは架空の物語なのですが）が鮮烈に表されています。あまりに奔放で刺激的なこの作品の初演は大騒動になり、多くの音楽家たちが当惑を隠しませんでした。それはいまや、異国の見慣れぬ文化の衝撃というよりも、むしろ、それまで経験したこともない新たな音楽の衝撃だったといえるでしょう。

じつのところ、ロシア・バレエ団の演目は、必ずしもロシアだけを中心にしていたわけではありませんでした。ディアギレフは、フランスの多くの革新的な作曲家たちと協同して、新たな音楽を誘引し続けたのです。そのおもな例をあげれば、ドビュッシーの《遊戯》〔一九一三〕、モーリス・ラヴェル〔一八七五〜一九三七：彼の音楽は、ドビュッシーの影響を強く受けながらも、やや一九世紀的な性向を示していて、また、多くの曲にスペイン的な異国情緒が漂っています〕の《ダフニスとクロエ》〔一九一二〕、エリック・サティ〔一八六六〜一九二五：彼は、大仰で気取った「芸術」というものを否定するかのように、謎めいた単純な音楽を作曲しました〕の《パラード》〔一九一六〕、フランシス・プーランク〔一八九九〜一九六三：声楽曲（歌曲や合唱曲）にも特筆すべき優れた作品を残しました〕の《牝鹿》〔一九二三〕などです。そして、ダリウス・ミヨー〔一八九二〜一九七四：別のバレエ団のために書いた《世界の創造》（一九二三）がよく知られています。彼はしばしば、二つの異なった調が同時に進行する「複調」の技法を用い、また、当時ヨーロッパに到来したばかりのジャズにも強い関心を示しました〕も、ロシア・バレエ団に作品を提供しました。

これらのフランスの作曲家たちの音楽は、民族主義的ではありませんし、必ずしも異国趣味に強く傾いているわけでもありません。彼らは、異文化の衝撃をそれぞれに異なったしかたでヨーロッパの芸術音楽の伝統の中に吸収同化して、現代的な響きの発明にあふれた個性的な作品をさかんに生み出していったのです。

(四) 古い革袋に新しいぶどう酒

しかし、二〇世紀初頭に華やかな「芸術の都」で開花した新たな音楽は、一九一四年の第一次世界大戦勃発とともに、そのようすを変えていきます。その変化は、ロシア・バレエ団のために書かれた前記の諸作品の中にも感じとれます。つまり、大規模なオーケストラの豊饒な色彩を存分に駆使して書かれているドビュッシーやラヴェルの作品に比べると、一九一四年以後に書かれたサティやプーランクの作品は、少し縮小されたオーケストラによる引き締まった響きの音楽になっているのです。

悲惨な戦争による容赦ない破壊は、人々の意識に強く深い影響を与えました。音楽においては、高尚な(浮世離れした)感情の表現や、無限なるものへのあこがれ、あるいは、民族主義といった、ロマン主義の壮大な「夢」と分かち難く結びついていた諸価値に対する疑いが深まり、もっと覚醒した音楽、すなわち、感情過多におちいらずに、非主観的な抽象性を尊重した音楽への志向が強まりました。作曲家たちは、ベル・エポックの華麗な音楽が、その響きの斬新さにもかかわらず、まだロマン主義の「夢」の世界の延長上にあったことに気づいたのです。そして、もしかすると、ひたすらに現代性を求めた果敢な試みというものも、新しさというものに無限の未来の可能性を見ようとする「夢」の一部だったのかもしれない。こうした反省は、ことさらに反ロマン主義的な姿勢をもたらすことになります。

ストラヴィンスキーも、こうした変化を推進した一人でした。大戦が終わった年に、ひじょうに不協和で乾いた響きに満ちた、鋭く皮肉な味わいの舞台作品《兵士の物語》〔一九一八：六つの管弦楽器と打楽器という小編成のための作品〕を書いた彼は、さらに、そうした響きを駆使しつつ、物語の筋書きや標題によらない抽象的な音楽（例えば、交響曲や協奏曲など）に向かって歩を進めます。彼は、「音楽には、感情であれ、心境であれ、気分であれ、自然現象であれ、何であれ、それらを表す力などない」（『わが人生の記録』〔一九三六〕）とさえ述べるに至って、音楽とは音の抽象的な構造物にほかならないという考えを強調するようになります。

ストラヴィンスキーのこうした考え方は、前に「絶対音楽と標題音楽」のところでお話ししたハンスリックの形式主義を引き継いでいます。しかし、一九世紀の（つまりロマン派の）絶対音楽は、標題や物語性と結合していました。

そこで、反ロマン主義を標榜するストラヴィンスキーは、彼の抽象的な音楽の形式モデルを、ロマン派の前の時代、すなわち、「芸術としての音楽」がはじまった一八世紀（バロックから古典派へと、それらがたがいに交錯しながら入れ替わっていった時代）の音楽に求めました。つまり、新たな試みから得られた響きを、古い形式の鋳型の中に流し込んだのです。聖書の「新しいぶどう酒を古い革袋に入れる者はいない」(「マタイによる福音書」)という言葉をもじっていえば、彼は、あえてその戒めに反して、新たな収穫を古い器の中に注いだわけです。《詩篇交響曲》［一九三〇］やオペラ・オラトリオ《エディプス王》［一九二七］といった作品には、彼のこのような考え方(それは、二〇世紀の音楽における「新古典主義」と呼ばれています)と、そこから生まれた音楽の雰囲気が典型的にあらわれています。

この新古典主義的な姿勢は、第一次と第二次の両大戦間の時期を中心に、ひじょうに広く浸透しました。前に名前をあげたプーランクやミヨー(どちらもとくに室内楽作品でその傾向を顕著に示しました)、そして、アルテュール・オネゲル［一八九二～一九五五：スイス人の両親の下に生まれ、交響的楽章《パシフィック二三一》(一九二三)で大評判を博しました］といったパリの作曲家たちだけでなく、他の国々でも大なり小なり新古典主義的な作曲家たちが多数現れます。

ロシアのセルゲイ・プロコフィエフ［一八九一～一九五三：ピアノ・ソナタやピアノ協奏曲など］、ドイツのパウル・ヒンデミット［一八九五～一九六三：交響曲《画家マティス》(一九三五)など］、イギリスのベンジャミン・ブリテン［一九一三～七六：オペラ《ピーター・グライムズ》(一九四五)など］、アメリカのアーロン・コープランド［一九〇〇～九〇：《アパラチアの春》(一九四四)などによって、アメリカの国民的作曲家として知られました］、エリオット・カーター［一九〇八～二〇一二：新古典主義から出発し、一九五〇年代からは和声とリズムに関する独自の理論に基づく無調的で複雑な音楽に至りました。《二重協奏曲》(一九六二)など」といった作曲家たちをはじめとして、大勢の作曲家たちがこの姿勢を示しました。

もちろん作曲家それぞれによって響きや様式は異なりますし、また、だれもがストラヴィンスキーのように音楽による感情表現を拒否したというわけでもありませんから、それらの音楽はとても多様です。とはいえ、それらには、新古典主義的な姿勢の他にも、ひとつの大きな共通点があります。それは、これらのどの作曲家の曲にも、大なり小なり調性があるということです。

新古典主義の音楽は、そこで用いられている新たな響きのせいで、長調にも短調にも聞こえません。それでも、そこに調性がないというわけではありません。ほとんどの場合、何らかのしかたで曲の構造の中心になる音(調の主音)が形作られていて、それが形式の支えになっているのです(例えば、バロック以来の形式がそうであったように、ある調からはじまり、他の調に転調して、最後は元の調にもどるといった具合です)。

そして、まさにこの点において、新古典主義的な作曲家たちの音楽は、当時のより急進的な傾向の音楽——すなわち、調性のない(無調の)音楽——と、鋭く対立していました。その無調の音楽についてお話しするには、再び二〇世紀初めにもどって、古典派の時代以来の音楽の都ヴィーンに目を向けなければなりません。

（五）心の奥底からの叫び

第一次大戦の数年前、画家のワシリー・カンディンスキー［一八六六〜一九四四：ドイツのミュンヘンで美術の革新的な運動を主導する雑誌『青騎士』を刊行しました］は、次のように書いています。「昨日まであらゆるものの基礎であったものに疑いが投げかけられ、世界全体が揺らいでいる。……外側の支えが崩れそうなとき、人は、眼差しを外部から自分自身へと転じる」（『芸術における精神的なるものに関して』［一九一二］）。

この言葉に示されているのは、外界の事物や現象から得られた心象を描く印象主義とは対照的に、自己の心の奥に渦巻く抑圧された感情に目を向けて、それを直接的に表出しようとする姿勢です。こうした姿勢を、「表現主義」といいます。

そして、二〇世紀初頭のヴィーンにあってモダニズムの音楽の創造を牽引したアルノルト・シェーンベルク［一八七四〜一九五一］の作品は、まさにこの表現主義に裏打ちされています。彼のオペラ《期待》［一九〇九：フロイト的な意識下の世界を描いたモノドラマ（一人の歌手だけによる独白的オペラ）］や、独唱と小編成器楽合奏のための《月に憑かれたピエロ》［一九一二：歌詞は、ベルギーの詩人アルベール・ジロー［一八六〇〜一九二九］の同名の詩のドイツ語訳。声のパートは、歌というよりも語りに近い様式で書かれています］といった作品は、ヴァーグナーが《トリスタンとイゾルデ》で激しい感情を表すために用いた半音階的な和声をさらに極端に推し進めた書法で書かれています。異様なまでに不協和で、謎めいた神経質さに満ちた響きが、常に不安定な足どりで進行するこの音楽が表しているのは、ロマン主義的なヴァーグナーの作品での「愛の恍惚」とは異なって、人間存在の深い不条理にさいなまれながらもそれに抵抗して生きようとする、心の奥底からの叫びです。

こうした表現主義の姿勢は、シェーンベルクの弟子であった二人の作曲家、アントン・ヴェーベルン〔一八八三〜一九四五〕と、アルバン・ベルク〔一八八五〜一九三五〕の音楽にもよくあらわれています(この三人の作曲家を一括りにして、「新ヴィーン楽派」と呼ぶことがあります)。もっとも、ベルクとヴェーベルンの音楽は、規模においても音楽的性格においても、たがいにきわめて対照的です。

例えば、モダニズムのオペラの最高峰に位置づけられているベルクの《ヴォツェック》〔一九二二〕:現実の殺人事件を題材にした、貧しい兵士(ヴォツェック)が情婦の殺害に至る物語〕は、ロマン派的な大オーケストラから生み出される濃厚で稠密な、そして時には毒々しいほどの甘美さと俗っぽさを秘めた響きを存分に駆使して仕上げられた大がかりな不条理のドラマです。それに対して、ヴェーベルンの作品——例えば、弦楽四重奏のための《六つのバガテル》〔一九一三〕や、室内楽的な小編成のオーケストラのために書かれた《五つの小品》〔一九一三〕など——は、ひじょうに短く（どちらも全曲の演奏時間はたった五分ほどでしかありません）、一つ一つの音の一瞬毎の身振りに全神経を集中させられるような、繊細な極微の世界です。

　こうしたちがいがあるにしても、この三人の作曲家たちの音楽は、いずれも極度の感情表現を追究し、それ故に（先ほどシェーンベルクとヴァーグナーのつながりに関して触れたように）、極端に半音階的な様式で貫かれています。そして、あまりに半音階的であるために、そこにはもはや調の中心になる音が感じられず、したがって、調性がありません。

　バロック時代以来、三世紀にもわたって音楽の文法と構造の基盤となってきた調性は、ここに至ってついに完全に崩壊することになったのです。

（六）新たな構成原理を目指して

　一九二〇年代の初め、シェーンベルクは、それまで直観によって探究してきた無調の音楽に、組織的な作曲法を考案して用いはじめます。それによって、表現的でありながらも、心の叫びの直接的な発露であるにとどまらない、抽象的な形式の音楽の実現を目指したのです。「十二音技法」と名づけられたこの作曲技法は、彼の考えによれば、調性音楽に替わる新たな無調音楽の構成原理として働くものでした。

そもそも調性とは、ひじょうに大ざっぱにいえば、音楽で使われる十二種類の音高(ド、ド#、レ、レ#……と数えていくと、ドからシまでで十二になり、その先のドからはオクターヴ上で同じ名前の音高がくり返されることになります)の中のどれか一つを中心(主音)にしてすべての音高が組織されているということです。ですから、無調を組織的に実現するには、逆に、十二種類の音高のすべてを対等にあつかって、中心なしに、各音高の相対的な関係だけに基づくものにすればよいわけです。

そこでシェーンベルクは、作曲に当たって、まずその曲のすべての構造の基礎として、十二種類の音高のそれぞれを一回ずつ使った十二の音から成る音列を作り、その音列とその派生形(反行形、逆行形、反行逆行形など)を、つなぎ合わせたり同時に重ねたりすることによって曲の全体を構成することにしたのです。

こうして作られた音楽には、組織構造の中心核になる音がないわけですが、そうだからといって、まとまりを欠いたバラバラの曲になってしまっているということではありません。たとえ響きに中心音がない無調であっても、他の手段によって音楽を形づけることができます。すなわち、音楽の成りゆきを古典的な形式の枠の中に収めることによって(ちなみにこれは、新古典主義の作曲家たちが採った方法と同じです)、そして、「主題の提示とその展開」という、ベートーヴェンやブラームスがソナタや交響曲の作曲で駆使してきた技法を徹底して用いることによって、シェーンベルクは、音楽的にきわめて凝集性の高い作品(例えば、ピアノのための組曲〔一九二三〕や、オーケストラのための変奏曲〔一九二八〕など)を作り上げています。

じつのところシェーンベルクは、自らを、バッハ、ベートーヴェン、そしてブラームスやヴァーグナーと連なるドイツ音楽の輝かしい歴史と伝統の正統な後継者として位置づけていたようです。そして、彼は、十二音技法を考えついたとき、誇らしげに、「私は今日、これからの百年のドイツ音楽の優位を確実にするものを発見した」と語ったと伝えられています(ヨゼフ・ルーファー〔一八九三～一九八五〕『アルノルト・シェーンベルクの作品』〔一九五九〕)。シェーンベルクが想い描いたドイツ音楽百年の夢は、けっきょく現実にはならないのですが、十二音技法が後の作曲家たちにひじょうに大きな影響を与えたことはまちがいありません。

シェーンベルクがこの十二音技法を考案するとすぐに、ベルクとヴェーベルンも、師にしたがって、それを用いはじめます。基本的に同じ作曲技法によっていても、彼らの音楽はそれぞれに個性的です。ベルクの作品は、無調であってもその中に調性的な香りを感じさせる芳醇な響きを特徴としていて、また、古典的な形式の枠組みの中にしばしば標題的な要素を忍ばせています(弦楽四重奏のための《抒情組曲》〔一九二六〕や、ヴァイオリン協奏曲〔一九三五〕など)。

一方ヴェーベルンは、ごく限られた音程だけで構成された十二音音列を用いて、極度に短く切りつめられた旋律主題を、ほとんど数学的なしかたで組み合わせて、結晶のような精緻な構造をもつ、きわめて緊張感の高い抽象的な作品を生み出しました（交響曲〔一九二八〕や、九つの楽器のための協奏曲〔一九三四〕など）。このように、この二人の作品は、十二音技法がじつに多様な音楽を生みだす可能性をもつ作曲技法であることを証しています。

やがて、一九三〇年代以降には、シェーンベルクの直接の弟子ではない人たちの中にも、徐々（じょじょ）に、十二音技法を用いる作曲家が現れはじめます。例えば、オーストリアのエルンスト・クルシェネク〔一九〇〇〜九一：もっとも彼の名は、主に、十二音技法を用いる前の時期に作曲した、ジャズの影響を受けたオペラ《ジョニーは弾（ひ）き始める》〔一九二五〜二六〕によって知られています〕、そして、歌唱的な抒情性にあふれた音楽を書いたイタリアのルイジ・ダッラピッコラ〔一九〇四〜七五：声と室内楽のための《ギリシアの詩》〔一九四二〜四五〕など〕、さらに、一九五〇年代には、晩年をむかえていたストラヴィンスキーも、十二音技法を採用します。

しかし、十二音技法は、けっして速（すみ）やかに普及したわけではありませんでした。とくに第二次世界大戦終結（一九四五年）の前までの時期には、何らかのしかたで調性的な新古典主義的な作曲家たちが圧倒的に多数を占め、無調の音楽を手がける作曲家は少数だったのです。

では十二音技法の影響が限られたものでしかなかったのかというと、けっしてそうではありません。第二次大戦後に活動しはじめる世代の作曲家の多くが、この技法に強い関心を示し、その中には、後に比較的保守的な様式のオペラなどでその名を知られるようになるドイツのハンス・

ヴェルナー・ヘンツェ〔一九二六～二〇一二：オペラ《若い恋人たちのエレジー》(一九五九～六二)など〕といった作曲家も含まれています。そしてなによりも、ちょうどシェーンベルクがこの世を去ったころ、十二音技法は、輝かしい影響をふるうことになります。つまり、一九五〇年代の急進的な前衛音楽を主導する若い作曲家たちが、十二音技法を出発点として、その足がかりの上に新たな音楽の可能性を拓(ひら)くのです。

(七)　音楽の新素材

ところで、これまでお話ししてきた二〇世紀のさまざまな新しい音楽の試みは、どれも、そこで使われている音(音楽の素材)については、基本的に、以前の音楽と変わりがありません。つまり、ドビュッシーにしても、ストラヴィンスキーにしても、新古典主義音楽にしても、十二音音楽にしても、それらの斬新(ざんしん)な響きは、基本的に、伝統的な声や楽器の伝統的な奏法から得られる音を材料として、その音の組み合わせや配置のしかたを新たに工夫することによって生み出されたものです。つまり、音楽の素材という点では、ベートーヴェンの時代の音楽とちがいがないのです。しかし、それに対して、新たな音素材の探究を行った作曲家もいなかったわけではありません。

早くも一九一〇年代には、イタリアの画家で作曲家のルイジ・ルッソロ〔一八八五〜一九四七：「未来派」と呼ばれる芸術運動を展開しました〕は、機械にあふれる現代世界が求めているのは古くさい楽音ではなく騒音に基づいた音楽であると主張して、工場や自動車の騒音のような音響を発する「イントナルモリ」という騒音発生楽器を発明し、それを用いて作曲しています。しかしそれは、奇抜(きばつ)で例外的な試みとしてしか受けとられず、他の作曲家たちにその影響が及ぶことはありませんでした。

もっとも、音楽の新素材の探究は、必ずしも新奇な楽器の発明を意味するわけではありません。一九三〇年代初頭に、エドガー・ヴァレーズ〔一八八三〜一九六五：フランス生まれですが、アメリカに移住して活動しました〕は、たくさんの打楽器だけの合奏曲《電離(でんり)》〔一九二九〜三一：西洋音楽史上最初の打楽器のみによる曲といわれています。題名は翻訳せずにフランス語のまま「イオニザシオン」とすることもあります〕を発表しました。そこでは、サイレンのようにそれまで音楽には用いられなかった道具も楽器として取り入れられていますが、使われている打楽器のほとんどは通常の種類のものです。つまり、ここで注目すべき点は、楽器そのものの目新しさにあるのではなく、曲全体が打楽器だけ（しかも、ドとかレというようなはっきりした音の高さがわからない打楽器）の大合奏で作られているということです。それまでの西洋の芸術音楽では脇役でしかなかった打楽器の音だけを素材にすることで、斬新な響きが生み出されているのです。

しかもこの作品は、打楽器の曲ではあっても、けっしてリズムを打つことを中心にした音楽ではありません。この音楽の核になっているのは、たくさんの打楽器が一緒に音を発してできる強烈な響きの塊（かたまり）です。ヴァレーズは、まるで巨大な大理石（だいりせき）に鑿（のみ）をふるう彫刻家（ちょうこくか）でもあるかのように、その密集した音の塊から曲の形を彫（ほ）り出すようにして作曲しています。つまりこの音楽では、旋律でも和声でもリズムでもなく、極度に不協和で刺激的な響きの塊そのものの力こそが、聴き手を圧倒し、魅了するのです（なお、これは、この打楽器の作品にかぎらず、ヴァレーズの音楽全般にみられる特徴です）。

これまで見てきたように、音楽の新素材の開発には、新たな楽器の発明、あるいは、伝統的には脇役だった楽器を中心にすえるといった手段があるわけですが、その他にもう一つ、ありふれた楽器をそれまでとはまったくちがったやり方で奏するという方法を採った作曲家もいます。

おそらく、そうしたやり方に本格的に挑んだ最初の作曲家は、アメリカのヘンリー・カウエル〔一八九七～一九六五〕でしょう。カウエルは、普通のグランド・ピアノを、それまでだれも考えもしなかったやり方で使うこと──つまり、ピアノの弦（げん）を直接指ではじいたり、手でこすったり、あるいは、弦の上に金属の皿を置いて鍵盤（けんばん）を弾（ひ）くなど──で、通常のピアノの音とはまったく異なった響きを引き出し、それを用いて作曲したのです（例えば、ピアノ曲《バンシー》〔一九二五：題名の「バンシー」とは、アイルランドやスコットランドの民話に出てくる妖精で、家に死人がでることを大きな泣き声で知らせるといわれています」など）。

ついでながら（話は少し脇道にそれてしまうのですが）、カウエルは、アメリカの革新的な音楽を積極的に紹介するために雑誌を発行し、また一九五五年にはチャールズ・アイヴズ［一八七四～一九五四］の伝記を出版したことでも知られています。アイヴズは、こんにちでこそ、アメリカ音楽の父として仰がれていますが、その生前には、ほとんど認められていませんでした。

アイヴズの音楽（例えば、《ニューイングランドの三つの場所》［一九一一～一四］、交響曲第四番［一九一〇～二四］、《答えのない問い》［一九〇八］をはじめとするオーケストラ曲や、ピアノ・ソナタ第二番［一九一一～一五：「マサチューセッツ州コンコード一八四〇～六〇年」という副題がついているので、「コンコード・ソナタ」とも呼ばれています」など）は、基本的にはロマン主義的な考えに裏打ちされているのですが、その作曲技法はきわめて独特で、それらが作られた二〇世紀初めごろの人々の耳には、たいへん異様に聞こえたにちがいありません。つまり、しばしばひじょうに半音階的で複雑な響きと、あからさまに調性的で朴訥（ぼくとつ）な響きが同居し、また、異なる調あるいは異なるテンポやリズムが同時に進行したり、さらに、彼の日常生活の身のまわりにあったなじみの民謡や賛美歌の旋律の引用がいたるところにちりばめられ、そしてなかには、四分音を使った曲さえあるのです。カウエルが著した伝記は、このアイヴズの音楽に対する遅まきながらの評価を強く後押ししたのでした。

さて、音楽の新素材の話にもどりましょう。カウエルのピアノ演奏を助手として見ていた作曲家ジョン・ケージ［一九一二～九二］は、一九三〇年代末に、グランド・ピアノのいくつもの弦の間にそれぞれに異なるいろいろな物（金属のボルト、木片、硬めのフェルトのような布片、ゴム片など）をはさみ込むことによって、ピアノの音質を、多様な音色の変化に満ちた洗練された打楽器のような響きに変えてしまうことを思いつきます——彼は、そのようにしかけを施（ほどこ）されたピアノのことを、「プリペアド・ピアノ」と名づけました。

そして彼は、それから一〇年間ほどの間（すなわち、一九四〇年代）に、いくぶんガムラン音楽を想わせるような色彩にあふれた響きを発するこの楽器のために、《ソナタと間奏曲》［一九四六～四八］をはじめとして数多くの作品を書き続けます。それらの作品は、さまざまな音色の微妙なニュアンスを秘めた一つ一つの音を、一本の旋律線のように連ねていくことでできています。ですからそれは、いわばアジアの多くの民俗音楽のように、単旋律の音楽です（実際にケージは、アジアの文化や音楽に深い興味を抱いていました）。

どこか異国の伝統音楽のような風情（ふぜい）を漂わせるケージのこうした作品は、当時のヨーロッパの作曲家たちの音楽とはだいぶ異なっていましたし、アメリカの中でもほぼ孤立した存在でした。というのも、前に名前をあげたコープランドをはじめとして、ほとんどのアメリカの作曲家たちは、基本的に、ヨーロッパでさかんな音楽の様式にしたがって作曲していたからです。

いずれにせよ、広範囲におよぶ大勢の作曲家たちが音楽の新素材の開発に熱心に取り組みはじめるようになるのは、数十年後の一九六〇年代になってからのことなのです。

(八) 焦土(しょうど)からの出発

第二次世界大戦は、第一次大戦にもまして悲惨な戦争でした。かつてないほど多くの犠牲者(ぎせいしゃ)、そして壊滅的な破壊。このような大きな過ちをたびたびくり返すほど、人類は愚(おろ)かなのでしょうか。こんにちの世界でも多くの地域で戦いが止(や)まず犠牲者が出続けているのですから、人類が非戦の知恵を働かせることなど永遠にないのかもしれません。この現実は、本当に残念なことです。

とはいえ、第二次大戦の殺戮(さつりく)と破壊が終わったとき、焦土と化したヨーロッパに立った若人たちは、人類の愚かさに絶望して未来を悲観したわけではありませんでした。人々は、あまりに破滅的な状況からの解放に歓喜(かんき)し、その興奮と高揚(こうよう)の中で、旧来の概念や価値観を一掃(いっそう)して新たな文化を築き上げようと模索(もさく)しはじめます。その若い世代の作曲家たちの新たな音楽の試みに導きの糸を垂れたのは、パリの音楽院で音楽理論を講じていたフランスの作曲家オリヴィエ・メシアン[一九〇八~九二]でした。

メシアンは、ドビュッシーの遺産から出発して、独特の人工的な音階とインドの伝統音楽に触発されたというリズムを用いて、生々しい色彩がきらめく力動的で官能的な響きを特徴とする様式に至りました。キリスト教のカトリック神秘主義に深く帰依して、教会のオルガン奏者でもあった彼の作品——例えば、《トゥランガリーラ交響曲》〔一九四八：題名は、サンスクリット語による造語。作曲者自身の説明によれば、「愛の歌、喜悦・時間・運動・リズム・生と死に寄せる賛歌」という意味合いがある〕、《異国の鳥たち》〔一九五六〕、《我れ死者の復活を待ち望む》〔一九六四〕といった大編成の曲などや、多くのピアノ曲——は、聴き手を、その豊満な響きの力で圧倒して、精神的な恍惚の境地に導くことを意図しているかのように感じられます。

しかし、そうしたメシアンの作品の中に、一曲だけ、ずいぶんようすの異なる曲があります。それは、一九四九年に、若い作曲家たちが集ったドイツのダルムシュタットでの夏季作曲講座で作曲されたピアノ小品《音価と強度のモード》〔一九四九：《四つのリズム練習曲》の中の一曲。音価とは音の長さ、強度は音の強さのことです〕という曲で、メシアン自身にとって、作曲上の一つの実験だったようです。

メシアンは、この曲の作曲にあたって、音楽の素材としての音を、分析的な視点からとらえる試みを行いました。つまり、音楽を構成する一つ一つの音に着目して、それを分析的に考えれば、（前項でお話しした新素材は別にして、伝統的な楽音ならば）それぞれの音は、はっきりした高さ、長さ、強さ、音色といった要素に分解できることがわかります。

そのことを逆に見れば、それらの諸要素を組み合わせれば（例えば、高さはド、長さは四分音符、強さはフォルテ、などと各要素を決めることで）、それぞれに異なったいくつもの音（音楽の素材としての音）が決定できるということです。そして、そうしてできたいくつもの音を組み合わせて配置すれば、曲（音楽）ができるというわけです。

　この試みには、音を分析的にとらえたということの他に、もう一つ重要な意味合いがあります。それは、「音楽は何からできているのか」（すなわち「音楽の素材は何か？」）という問いにかかわっています。

　音楽が音でできているのは、自明のことに思えるかもしれません。しかし、伝統的には、作曲家が曲を作るための材料（素材）として意識するのは、音であるよりも、むしろ、旋律や和声やリズムなどです。音は、その旋律や和音やリズムの材料ですから、いわば材料の材料ですが、曲の直接の素材ではありません。それに対してメシアンの試みにおいては、旋律や和音やリズムを介さずに、音を直接の素材として、音そのものの組み合わせと配置がそのまま一つの曲として提示されたのです。それは、旋律や和声やリズムというもののはっきりした形が感じられない、とりとめのない音の散らばりのようにも見える作品で、曲（音楽）というものの伝統的なイメージを覆（くつがえ）すものでした。

　そして、まったく新しい音楽の創造を模索する戦後の若い世代の作曲家たち——その中には、フランスのピエール・ブーレーズ〔一九二五～二〇一六〕、ドイツのカールハインツ・シュトックハウゼン〔一九二八～二〇〇七〕、イタリアのルイジ・ノーノ〔一九二四～九〇〕、ブルーノ・マデルナ〔一九二〇～七三〕、ルチアーノ・ベリオ〔一九二五～二〇〇三〕などが含まれています——は、ちょうど終戦の年に亡くなったヴェーベルンの音楽と、このメシアンの試みに、格好の出発点を見出したのです。

ブーレーズは、二台のピアノのための《構造》〔第一巻 一九五二、第二巻 一九五六～六一〕の作曲に当たって、音についてのメシアンの分析的なアプローチと、十二音技法の考え方を融合しました。十二音技法は、十二種類の音高を一回ずつ使った列を作っておき、その列内の順序にしたがって音をならべていく作曲法ですが、ブーレーズのこの曲では、列を基本にしたこの組織的な作曲法が、音の他の要素(長さや強さなど)にも厳格に適用されています。

音の高さだけでなく、音の他の要素についても(けっしてすべての要素についてというわけではないのですが)、列を基本にした組織で制御するこうした作曲技法を、「総セリー技法」〔「セリー」は、フランス語で「列」の意〕と呼びます。そしてノーノも、同様の作曲技法を用いて、《中断された歌》〔一九五五～五六：独唱、合唱とオーケストラのための作品〕を書いています。

実際には、厳格な総セリー技法による作品は、けっして多くはありません。しかし、一九五〇年代には、右に名前をあげた革新的な作曲家たちは皆、それぞれに、総セリー技法に準じた何らかのしかたで、列の考えを基本にした組織的な方法を用いて作曲しました――それらの音楽を総称して、「セリー音楽」と呼びます。ブーレーズの代表作である《主のない槌》［一九五五：独唱と器楽合奏のための作品。フランスのシュルレアリスム（超現実主義）の詩人ルネ・シャール［一九〇七～八八］の詩を歌詞としています］や、シュトックハウゼンの《群》［一九五七：三群のオーケストラのための作品］などは、その時期のセリー音楽の秀逸な例です。

一九六〇年代に入ると、マデルナのオーボエ協奏曲（第一番 一九六二～三、第二番 一九六七、第三番 一九七三）や、ベリオの《シンフォニア》［一九六八～六九］などに明らかなように、セリー音楽にも、その作曲法に感覚的な要素が積極的に取り込まれるようになり、技法上の組織性を次第に弱めていきます。

電子テクノロジーと作曲

戦争は、しばしば、テクノロジーの飛躍的な進歩を促します。敵側よりも少しでも高い技術力をもつことが、戦いを有利に進める可能性につながるからです。一九三五年に、ベルリンで、磁気テープレコーダーが初めて披露され、その後、大戦を経て通信技術が進歩すると、音の電子的発振、記録、再生が以前よりも比較的容易にできるようになりました。

フランスの作曲家ピエール・シェフェール［一九一〇～九五］は、一九四〇年代の終わりごろから、フランスのラジオ局のスタジオで、磁気テープに、音(音楽の音に限らず、むしろ、人間の生活の身のまわりにあるさまざまな音)を録音し、それを編集、再構成して、音楽作品を作りはじめます。生活音や環境音という具体的な音を使って作った音楽なので、彼はそれを「具体音楽」(ミュジック・コンクレート)と呼びました。シェフェールが、作曲家のピエール・アンリ〔一九二七〜二〇一七〕と共同制作した《独りの男のためのシンフォニー》〔一九五二〕は、その種の音楽の一例です。具体音楽によって、声や楽器だけでなく、世界に存在するあらゆる音を音楽の素材として用いる可能性が開かれることになりました。

セリー音楽の作曲家たちも、すぐに新しいテクノロジーにとびつきますが、ただし彼らは、電子テクノロジーを用いて器楽曲同様の抽象性の高い音楽を作ることを目指して、具体音よりも電子的に発振された音(つまり、抽象的な電子音)により強い関心を抱きました。

シュトックハウゼンは、ドイツのケルンの放送局に設けられた電子音楽スタジオで、録音された子供の声と電子音を組み合わせた《少年の歌》〔一九五五〜五六〕や、セリー的な技法を応用した《接触》〔一九五八〜六〇：電子音のみの版と、電子音とピアノと打楽器のための版があります」などを制作しました(彼はそうした種類の音楽を、単に「電子音楽」と呼んでいます)。また、ベリオの電子音楽作品《テーマ(ジョイス讃)》〔一九五八：イタリアのミラノの放送局の電子音楽スタジオで制作。題名にある「ジョイス」は、二〇世紀のアイルランドの大作家ジェイムズ・ジョイスのことです」や《差異》［一九五九：五つの楽器と磁気テープ（つまり録音された電子音）のための作品］も、当時の電子音楽作品の例です。前に新素材とのかかわりでお話ししたアメリカのヴァレーズも電子音楽を手がけ、《砂漠》［一九五〇～五四：中規模の室内アンサンブルと電子音のための作品］などを作曲しています。

これ以後、何人もの作曲家たちが、優れた電子音楽作品を生み出し続けますが、当時の電子テクノロジーは、現在に比べればとても素朴（そぼく）なものでしたから、電子音楽制作はたいへんな手間と労力を要する大仕事でした。電子音楽の制作が容易になるには、電子テクノロジーのさらなる進歩を待たねばならなかったのです。こんにちでは当たり前になっているシンセサイザーが持ち運びできる程度の大きさになったのは、一九六〇年代の半ばですし、パソコンが発達しはじめたのは、ようやく一九八〇年代に入ってからのことなのです。

（九）前衛

音楽とは何か？

セリー音楽（とくに、総セリー技法による一九五〇年代のセリー音楽）は、少し乱暴な言い方をすれば、音がただ散らばっているだけのようにも聞こえ、そこには伝統的な意味でのはっきりした旋律も和声もリズムも感じられません。それまで、音楽というものは、基本的には、旋律や和声やリズムによって構成され、形づけられていたのですが、この新たな音楽にはその一切がほぼ欠けています。

はたして、この漠然とした音の散らばりにしか思えないようなものが、音楽といえるのでしょうか。とうぜんそうした疑問をもつ人もいるでしょう。しかし急進的な作曲家たちは、まさにそうした疑問が生じることこそが、いままで誰も耳にしたことのない真に新たな音楽であることの証だと感じていたにちがいないのです。

例えばブーレーズは、音楽の本質は形式（つまり、構造）にあると考えていました（一九世紀のところでお話しした「形式主義」の思想を想い出してください）。そして、彼の《構造》での音は、列を基本としたきわめて組織的な方法に厳密に基づいて組み立てられていますから、その意味で、そこでの音の配置の背後には確固とした構造があります。したがって、それは音楽の本質をしっかりと踏まえており、たとえどう聞こえようとも、音楽なのです。それがとりとめのない音の散らばりにしか感じられないのは、単に、そこに存在する構造が、耳で聴いて認識できる性質のものではないからです。つまりそれは、秘められた構造をもつ抽象的な音の構造物としての音楽なのです。

とはいえ、そうした音楽は、多くの聴き手にとって理解し難いものでした。ふつう、音楽を理解するとは、曲の表現内容をつかむこと、あるいは曲の構造をとらえることを意味しています。

しかし、純粋な音の構造物として組み立てられているセリー音楽は、内容表現を意図していませんし、さらに構造物であるにもかかわらずその構造は知覚できないのですから、そのような曲を理解することなどどうして可能だというのでしょうか？　こうした音楽を理解するには、それまでの伝統的なやり方は通用しません。新しい音楽は、聴き手に新しい聴き方を求めたのです。

こうした曲を聴くことは、喩（たと）えて言えば、夜空に広がる美しい星々を眺めることに似ています。満天の星空を見上げる私たちは、星々の配置がどのような構造で組織されているのかがわからなくても、それを愛（め）でることができるのです。

作曲家と聴衆との距離

新たな聴き方といっても、伝統的な聴き方に慣れている多くの聴衆の耳が、すぐにそれになじんでくれるわけではないでしょう。したがって、新しい音楽は、少数の熱烈な支持者を得た一方で、多くの人々から、わけのわからない音楽として敬遠されることにもなりました。

ブーレーズに数年先んじて独自に総セリー技法に至ったアメリカの作曲家ミルトン・バビット［一九一六～二〇一一：《四つの楽器のためのコンポジション》（一九四八）など。彼は数学者でもありました］は、アインシュタインの相対性理論がすぐには広く理解されなかったことを引き合いに出して、旧来の概念を覆すような新たな音楽は、専門家でない多くの人にとって理解できないものであるのはしかたないだろうとさえ述べて、難解な音楽だと非難されるのもいとわないという姿勢を表明しています（「聴く人がいなくても気にしない」〔一九五八〕）。
因習を打破して真に新たで現代的な音楽を創造する試みに邁進することにこそ価値がある——そういう考え方に基づく芸術や芸術家を「前衛」〔もともとは軍隊用語で「最前線」の意〕といいます——という強い信条のもとで、新たなるものへの挑戦の最前線に立っていることを自負する作曲家にとっては、耳慣れない音楽にとまどったり拒否したりする聴衆のことなど気にしてはいられないというわけです。

ここに、最も真剣に現代性を追求した音楽が、まさにその現代の聴衆の多くに理解されないという、皮肉な事態が生じることになりました。もっともこれは、第二次世界大戦後に初めて生じた問題ではありませんでした。すでにシェーンベルクは、「私には聴衆はいない」と述べて、この問題を感じていることを告白しています（「私の聴衆」〔一九三〇〕）。しかし、前衛作曲家たちは、聴衆との乖離にひるむことはありませんでした——例えばヴァレーズは、「〔前衛の〕芸術家はけっして自分の時代より先にいるのではなく、ただ彼だけが自分の時代に遅れていないということでしかない」と述べて、前衛作曲家であることの誇りを高らかに謳っています（「芸術 - 科学としての音楽」〔一九三九〕）。

そして、こうした姿勢は第二次世界大戦後の前衛作曲家たちにも受け継がれ、その結果、作曲家と一般の聴衆との距離はますます拡がっていったのです。

(もう一度)音楽とは何か?:別の答え

ヨーロッパで総セリー音楽が生まれたのとちょうど同じ一九五〇年ごろ、アメリカでは、ケージが、それまでの作風を転じて、伝統的な音楽のイメージを根本から覆すような作曲をはじめます。それは、当時の多くの人々にとって、とても「音楽」とは思えないようなものでした。

ケージによれば、これまで作曲家は、感情の表現や秩序(構造)の実現のために音を利用してきたのですが、そのようなことはやめて、音がそれ本来の権利を取りもどせるようにしようというのです。

そこで彼は、まず、作曲者が意図的に音を制御してしまうことを避けるために、自分の感覚や何らかの構造原理にしたがって音をならべることをせず、そのかわりに、偶然の選択(サイコロやコイン投げ)に委ねて音の配置を決めることにしました。そのようにして作られた音楽を「偶然性の音楽」といいます(ピアノのための《易の音楽》[一九五一]:「易」は「変化」の意で、万物は陰と陽との偶然の出遭いによって成り立っているという古代中国の思想を反映しています」はその代表的な例です)。

そしてその後、彼は、音の配置を楽譜に精密に記すことさえもやめて、伝統的な楽譜のかわりに「図形楽譜」を用いるようになります。その楽譜では、紙の上に描かれた円や線などの図形によって、演奏者が音を作り出すための手がかりが漠然と示されているだけです（例えば、《ピアノとオーケストラのためのコンサート》〔一九五七〜五八〕など）。こうした音楽は、演奏ごとに曲のようすが大きく異なってくるので「不確定性の音楽」と呼ばれています（ケージは、図形楽譜の作成や解釈をも偶然に委ねているので、この「不確定性の音楽」は、偶然性の音楽でもあります）。

　これらの音楽では、作曲者は、結果としての曲の具体的なようすをはっきりと予測することができません。その意味で、ケージは、こうした作曲を「実験音楽」と呼びました。というのも、彼の考えによれば、実験的行為の本質は「結果の予知できない行為」（ケージ『沈黙』〔一九六一〕）という点にあるからです。

　ケージの実験音楽は、音の一つ一つにはそれぞれ独自の存在性があるのだから、作曲者の主観的な感覚や意図によってそれを搾取するのではなく、音をあるがままにしておくべきだという考えに基づいています（こうした考え方の背景には、彼が、日本の仏教学者・鈴木大拙〔一八七〇〜一九六六〕がアメリカで行った禅についての講演を聴いたことから得た影響があります）。

　そして、そうした思想の最も顕著なあらわれが、《四分三三秒》〔一九五二〕という作品です。ピアニストによるこの作品の初演では、ピアノの前に座った演奏者が何も音を発せずに沈黙を保ったまま、四分三三秒後に舞台を去りました。ケージは、演奏者が音を出さなくとも、そこで聞こえたさまざまな音（人のざわめきや自然の音などの環境音）それ自体が音楽である、というのです。つまり、音楽とは、あるがままの音そのもの（それがどのような音であろうとも）なのです。人は、自然の風景や事物を見たり聴いたりして愛でるように、この音自体としての音楽を鑑賞することができるのです。

ケージとともにニューヨークで実験音楽を推進した何人かの作曲家のなかで、後にヨーロッパでも高い評価を得ることになるのは、モートン・フェルドマン〔一九二六〜八七〕です。彼の多くの作品（合唱と三楽器のための《ロスコ・チャペル》〔一九七一：題名は、画家マーク・ロスコ〔一九〇三〜七〇〕の作品を収めた建物の名。フェルドマンは、ロスコをはじめとする同時代のニューヨーク表現主義の画家たちと深い親交がありました〕、《ピアノとオーケストラ》（一九七五）、オーケストラのための《コプトの光》（一九八六）など）は、（ケージの場合とは異なって）作曲者が慎重に選んだ繊細な響きでできているのですが、それらの響きは、（ケージの場合に似て）まるで偶然にそこに存在しているかのように置かれていて、聴き手を、響きそれ自体の観照に誘います。

なお、ケージの「偶然性」は、一九五〇年代半ば過ぎには、ブーレーズやシュトックハウゼンをはじめとするヨーロッパのセリー的な前衛音楽の作曲家にも影響を与えました。ただし、そうした作曲家たちが採り入れた偶然性は、全体としては厳密に構成された曲の中のごく一部の要素の選択を演奏者の判断に委ねるということでしかありませんでした。つまり、彼らは、曲の構造にいくらかのゆとりをもたせるための一技法として偶然性を活用しただけであって、ケージの偶然性の音楽の思想を理解して受けいれたわけではなかったようです。

流れ渦巻く音響のドラマ

さて、再びヨーロッパに目を転じましょう。戦後のヨーロッパの前衛音楽の主流であったセリー音楽は、前にお話ししたように、列（セリー）の考えに基づいた組織にしたがって音をならべることによって作られていましたが、その組織（構造）は耳で聴いて把握できるようなものではないので、聴き手としては、単に、全体としての音の散らばりのようすを聴くことになります。

つまりそうした音楽では、作曲の方法論と、結果としての音楽の聴こえ方との間に齟齬があることになる。それならば、列組織などにこだわらず、最初から、全体の響きを設計する作曲方法を採るべきだ。一九五〇年代の半ばにそう主張しはじめたのが、フランスで活動したギリシア人作曲家ヤニス・クセナキス［一九二二～二〇〇一］です。

そして彼は、無数の音から成る音の塊（それは音の密集した集まりなので、一般に、「音群」（クラスター）と呼ばれますが、クセナキスはそれを、無数の水滴や氷晶によって構成されている雲に喩えて、「音の雲」といっています）を設計し、一つの音群の推移的変化や、響きの性質を異にしたいくつもの音群の連結を巧みに操作して、動的なエネルギーに満ちた劇的な成りゆきをもつ音楽を作り上げました。

　その音楽には、伝統的な意味での旋律も、和音も、拍子やリズムもありません。それは、密集したたくさんの音から成る巨大な「音の雲」(音群)が噴流(ふんりゅう)のように途切れることなく渦巻いて変貌(へんぼう)していく、音響のドラマなのです——そうした彼の音楽の特徴は、《メタスタシス》〔一九五四：題名は「転移」の意〕や《ピトプラクタ》〔一九五六：題名は「確率論による実行」の意〕をはじめとして、《ノモス・ガンマ》〔一九六八：「ノモス」は「法」の意。「ガンマ」はギリシア語のアルファベットの第三字〕やピアノ協奏曲《シナファイ》〔一九六九：題名は「結合性」の意〕などのオーケストラ作品に、とくによくあらわれています。

　ところで、クセナキスは、多くの曲の作曲に当たって、「音の雲」の内部の個々の音の配置(つまり、音群の細部の構造)を、しばしば、確率論などの数学的手法を応用して決定しています。彼の音群音楽は、言うまでもなく総セリー音楽とはひじょうに異なっていますが、どちらの作曲にも数理的あるいは数学的な手法が用いられているのは、とても興味深い事実です。つまりそこには、二〇世紀という時代全体の科学主義的な志向が映っているのです。

　クセナキスが音群音楽を提唱してから数年後、一九六〇年代に入ってすぐに、ハンガリーの作曲家ジェルジ・リゲティ〔一九二三〜二〇〇六：彼は、当時共産主義圏(けん)に属していた母国からヴィーンに亡命して、前衛的な音楽を手がけるようになりました〕が、《アトモスフェール》〔一九六一：題名は「大気」の意」を発表します。大オーケストラのためのこの作品では、あたかも茫洋と広がる濃霧を想わせるような、たくさんの音の密集した積み重ねから成る分厚く広大でやわらかな響きが、連続的に変容を重ねていくことで、劇的な成りゆきが形成されています。

つまりそれは、クセナキスの音楽と同じように、音群の推移と連結による響きのドラマです。とはいえ、そのドラマの音楽的性質や特徴は、クセナキスの音楽とは大きく異なっていて、そこにそれぞれの作曲家の強い個性が表れています。また、リゲティは、純粋に感覚のみに頼って作曲し、数理的・数学的な考え方や手法にはかかわりをもちませんでした。

少し強引な言い方かもしれませんが、もし、一九五〇年代の前衛音楽が、基本的に「音楽とは構造である」（ブーレーズ）あるいは「音楽とはあるがままの音そのものである」（ケージ）という二つのたがいに異なる信念のもとに整理できるとすれば、一九六〇年代の前衛音楽は「音楽とは音響のドラマである」という考え方の下にあります——この考え方は（これも少し乱暴な言い方ですが）じつのところ、ベートーヴェン以来のロマン派の音楽の考え方とそれほど大きくちがってはいません。ただ、ドラマを作るための素材が大きく異なって、現代化されているのです。言いかえれば、一九六〇年代の「新たな」音楽は、その最も基本的な音楽観において、一八世紀後期から二百数十年間にわたるこの「芸術としての音楽」の時代の興隆期に立ちもどったように感じられます。

それはさておき、「音楽とは音響のドラマである」という考え方は、これまでお話ししてきたように、音群音楽の出現によって強調されるようになったわけですが、しかし、考えてみれば、音群的な音響を材料に用いなければ「音響のドラマとしての音楽」が作れないということでもないでしょう。どのような種類の音響も、その材料として使えるはずです。

そのことが端的にあらわれているのが、リゲティの《アヴァンチュール》〔一九六二：三人の歌手と七つの楽器のための作品。題名は「冒険」あるいは「意外なできごと」といった意〕です。この曲では、歌手が発するさまざまな種類の音(悲鳴、うめき声、笑い声、ため息、ささやき声、つぶやき声など)と、楽器の特殊な演奏法から生み出される新奇で多様な響き(かつてカウエルがピアノに対して行った特殊奏法が、いまやあらゆる楽器で試みられています)が多く用いられていて、それらが文字通り演劇的なドラマをくり広げます。つまり、「音楽とは音響のドラマである」という考え方の下で、いまや、どのような種類の音響も(およそ世界に存在するあらゆる音を)、そして演奏者の動作や演技も、音楽の材料として用いることができるのです。

いや、それだけではありません。過去の音楽作品の断片を一種の「音響材料」として張り合わせることで(現代美術の「コラージュ」技法を想い出してください)、音響のドラマを作ることもできます。じつは、前にセリー音楽についてお話ししたときにベリオの作品の一つとしてあげた《シンフォニア》は、セリー音楽の名残をとどめているもののひじょうに一九六〇年代的な作品で、その第三楽章は、過去の音楽作品のコラージュでできています。

こうして、クセナキスとリゲティのそれぞれの音群音楽の試みによって、一九六〇年代の前衛音楽の主潮流の基本的な方向性が敷かれました。そして、多くの作曲家たちが、さまざまなしかたで新しい性質の音響の開発に挑み、それを用いてそれぞれに個性的な音響のドラマとしての音楽を作っていきます──じつのところ、それ以降こんにちに至るまで、現代的な芸術音楽作品のほとんどが、この方向性の上に作られ続けているといってよいでしょう。

一九六〇年代初めごろに書かれた典型的な音群音楽の曲としてよく知られているのは、ポーランドの作曲家クシシュトフ・ペンデレツキ〔一九三三〜〕の《広島の犠牲への哀歌（あいか）》〔一九六〇：弦楽オーケストラのための作品〕や、同郷のヴィトルト・ルトスワフスキ〔一九一三〜九四：彼はこの時期に作風を新古典的主義から前衛へと転じました〕の《ヴェネツィアの遊戯》〔一九六一：オーケストラのための作品〕といった作品でしょう。

また、やはり同じころ、イタリアのジャチント・シェルシ〔一九〇五〜八八〕は、一つの音を中心にその周囲をまつわり巡（めぐ）るうねりのような響きによる独特な作品を書きはじめています《アナヒット》〔一九六五：ヴァイオリンと室内アンサンブルのための作品。題名は古代エジプトの女神の名〕など。もっとも彼は、作曲の仕上げをほぼ全面的に協力者に委ねてしまっていたということもあって、一九八〇年代になるまで作曲家としての正当な評価を得られませんでした）。

また、マウリシオ・カーゲル［一九三一～二〇〇八：アルゼンチン生まれですが、若くしてドイツに移って活動しました］は、楽器の音響と舞台上の演奏者の所作の双方を同じ程度に重要な要素として構成した抽象的で演劇的な性格の作品、すなわち、具体的な物語のような筋書きをもたない音楽舞台作品（ミュージック・シアター）を手がけました（例えば、《国立劇場》［一九七〇：なお、彼の音楽舞台作品は、しばしば、皮肉で鋭いユーモアを特徴としています］など）。

一九七〇年代以降も、こうした伝統を引き継いだ「音響のドラマとしての音楽」の探究が続けられていきます。例えば、ドイツのヘルムート・ラッヘンマン［一九三五～：ピアノとオーケストラのための《アウスクラング》（一九八四～八五：題名は「終わりの音」の意）など］は、楽器の特殊奏法から生み出される音高の不明瞭な噪音（ノイズ）を徹底して用いて、そしてまた一方では、それとは対照的に、フランスのジェラール・グリゼー［一九四六～九八：室内アンサンブルのための《時間の渦》（一九九四～九六）など］は、科学的な音響分析（スペクトル分析）を応用して作り出した円やかな音質の和音素材を基礎にして、それぞれに独特の音響のドラマを築いています（なお、スペクトル分析を応用した技法による作曲は、「スペクトル音楽」と呼ばれています）。

しかし、こうしたさまざまなやり方で「音響のドラマとしての音楽」が作られていく中で、じつのところ、一九七〇年代に入ると、現代性への意識が徐々に変質し、前衛音楽をつき動かしてきた「新しさ」の探究には翳りがみえはじめるのです。

モダニズムの融解

一九六〇年代の半ばごろから、「音そのもの」を強調するアメリカの実験音楽の伝統の上に、テリー・ライリー［一九三五〜］（《インC》［一九六四］など）やスティーヴ・ライヒ［一九三六〜］（《ピアノ・フェーズ》［一九六七］や《一八人の奏者のための音楽》［一九七四〜七六］など）といった作曲家たちによって、新たな種類の音楽が生み出されます。

この音楽において強調されている「音」は、ケージやフェルドマンの音楽の場合とは異なって、非常に単純明快な、短い断片のような旋律型です。そこでは、その旋律型がえんえんとくり返され、単に同じものの反復でしかないようにも聞こえるのですが、じつは、長時間にわたってくり返されていくうちに、それはほんの少しずつ変化していくのです。時間をかけて徐々に変化していくこのような音楽を聴いていると、時間の流れの速度が遅くなったような感覚になります──こうした音楽は、音楽を構成するのに最小限の材料しか用いていないということから、「ミニマル音楽」と呼ばれています。

ミニマル音楽の登場は、新たな出来事でした。ただしそれは、前衛音楽がそれまで次々と更新してきた「新しさ」とは、ようすを異にしていました。一般の聴衆には難解に感じられる複雑な前衛音楽とは対照的に、ミニマル音楽はきわめて平易な旋律型の単純な反復でできています（そのせいもあって、それはすぐに「芸術音楽」の範疇の外でポップスやロック音楽のファンに受けいれられるようになりました）。つまりミニマル音楽の「新しさ」の重要な点は、単純性ということにありました。それは、モダニズムの芸術音楽の複雑さに対する反動だったといえるかもしれません。

じつのところヨーロッパでも、一九七〇年代半ばごろから、多くの聴衆になじみのロマン派の音楽を想わせる音楽様式に回帰するかのような傾向を示す作曲家たちが現れはじめたのです。それもまた、それまでの複雑な音楽への反動だったと言えるでしょう——前に音群音楽に関連して名前をあげたペンデレツキも、この時期にその方向に作風を転換した作曲家の一人です。

すでにお話ししたように、二〇世紀の初期から、前衛の作曲家たちが追求してきたのは、過去には存在しなかった「現代の」新たなる音楽でした。これまで聴いたことがないような新たな音楽を生み出すためには、過去の音楽伝統を意識せざるを得ません。過去を乗り越えるには、まず、乗り越え否定すべき対象を知らねばならないからです。しかし、そうした意味での歴史への意識——すなわち、モダニズムの探求を支えていた歴史意識——が、一九七〇年代から変化しはじめたのです。

こうした変化の背景について考えるには、一見作曲の世界の潮流などとはかかわりがないように思える現象にも着目する必要があるでしょう。それは、ちょうど一九七〇年代に入るころからさかんになりはじめた、いわゆる「古楽」(すなわち、バロック時代以前の音楽)の復興運動です。つまり、音楽学者たちの研究の進展にともなって、遠い昔の音楽を当時の楽器や演奏法についての歴史的情報を参考にして演奏する実践的な活動が、活発に展開されはじめたのです。

そうした演奏を通じて、それまで一般の聴衆にはあまりなじみのなかった中世やルネサンスやバロックの音楽が、それぞれに高い価値をもつ魅力的で優れた音楽であることが、広く認識されるようになっていきます。

こうした「古楽」復興運動の進展によって、音楽の価値についてのそれまでの考え方――すなわち、「古典派やロマン派こそが価値の高い音楽である」（保守主義の立場）、あるいは、「現代的な音楽にこそ価値がある」（モダニズムの立場）――に替わって、「それぞれの時代の音楽にはそれぞれの価値がある」という考え方（文化的相対主義の立場）が浸透していくことになります。過去の音楽を知り、歴史意識をもつこと、それはいまや、歴史的に超克すべき対象を知るということであるよりも、むしろ、各時代の音楽のそれぞれの価値を認識するという意味合いを強めることになったのです。

そして、もし、どの時代の音楽もその価値において同等であるのならば、私たちは、それぞれの好みやその時々の気分に応じて、聴きたい音楽を聴けばよい（あるいは作曲家の立場で言えば、書きたい様式で書けばよい）、それがこんにちの時代にふさわしい（すなわち現代的な）音楽生活だということになるでしょう。

もちろん、このことによってモダニズム（あるいは前衛）の音楽がまったく否定されてしまうというわけではありません。そうした種類の音楽に積極的な興味を抱き、そこに価値をみる人も少なくないにちがいありません。ただそれは、いまや、現代の音楽生活（あるいは音楽活動）における選択肢の一つにすぎなくなったのです。こうした音楽文化の状況が、前衛的探求の力と勢いを殺いでいったとしても、けっして不思議ではないでしょう。

（十）政治と音楽文化（芸術音楽の衰退）

とくに古典派の時代以後、音楽がそれぞれの時代の政治的状況と深くかかわってきたことは、これまでも折々にお話ししてきました。フランス革命のときに王侯貴族たちをおののかせた「音楽がもつ民衆を統合する力」は、本格的な市民社会が実現していく二〇世紀には、国家の文化戦略のなかでますます強く意識され、政治的に利用されるようになります。

ドイツのナチス政権が、ヴァーグナーやブルックナーといったロマン派のドイツ人作曲家たちの音楽を政権の宣伝にさかんに用い（じつのところ、ナチスの人種政策は、一九世紀のロマン主義と表裏一体に結びついていた民族主義的考え方のおぞましい成れの果てだったとも言えるのです）、その一方で、モダニズムの芸術を「退廃芸術」として排斥したことはよく知られています。

音楽を国民統制のための手段として利用したのは、いうまでもなく、ナチス政権だけではありませんでした。一九三六年に、スターリン体制の下にあったソビエト連邦の共産党中央委員会の機関紙『プラウダ』は、同国の作曲家ドミトリイ・ショスタコーヴィチ〔一九〇六～七五〕のオペラ《ムツェンスク郡のマクベス夫人》〔一九三〇～三二：殺人、自殺、姦通、そしてかなり露骨な性的描写を含んだ内容で、その音楽も、調性的ではあるものの不協和な響きに満ちています〕を激しく非難する匿名の記事を掲載しました。このオペラは、既存の価値観に疑問を投げかけ、人間の不条理性を描いているという意味できわめてモダニズム的なのですが、それが、政府が主導する芸術の考え方に反しているというのです。

ソ連においては、芸術は、プロレタリアート（労働者階級）の理想的な社会の建設と発展に寄与すべきもの――つまりは、社会主義国家として人民を統治するための一手段――であり、したがって、だれにでもわかりやすく、労働者の意欲と「健全な」精神を鼓舞して高めるものでなければなりませんでした（芸術におけるそうした考え方を「社会主義リアリズム」と呼びます）。そして政府は、それに反すると思われる芸術を否定し、厳しく弾圧したのです。ソ連政府によるそうした芸術の粛清は、第二次世界大戦後もくり返されていきます。

ショスタコーヴィチが、生涯を通じて国家の文化政策の圧力に苦しみながら残した数多くの作品（とくに交響曲、例えば、交響曲第五番〔一九三七〕など）には、ベートーヴェンの交響曲に表されているような英雄的な物語性――つまり、苦難を乗りこえて勝利に至る偉大な人間(ただしこの場合は、偉大な労働者階級なのでしょうが)――が映っています。言いかえれば、それは、ロマン派的な交響曲の伝統に属しています。

第二次世界大戦後四〇年間ほどにもわたって続いた、いわゆる東西冷戦時代には、共産主義・社会主義陣営(「東側」)と対立していた資本主義・自由主義陣営(「西側」)も、音楽を政治戦略に利用しました。東側がモダニズムの音楽を弾圧したのとは対照的に、西側は、あらゆる試みが許される自由――すなわち、国家の統制などを受けることなく各個人が自らの意思によって意見を述べ、行動することができる自由――を尊重する社会であることを掲げ示すために、自由に新しさを追求するモダニズムの音楽を積極的に支援したのです。

戦後のヨーロッパにおける前衛音楽の隆盛には、じつのところ、アメリカを盟主とする自由主義陣営からの資金援助が大きくかかわっていました。自由主義諸国の前衛の作曲家たちは、新たな芸術音楽の可能性の探究にひたすら邁進していたのであって、けっして政治的な意図をもって作曲していたわけではありません。むしろ、政治といったものとは無関係だとさえ思っていたでしょう。しかし、そうした作曲家たちの意識とは裏腹に、実際には、彼らの音楽は、西側の反共産主義政策の中に重要な文化的手段の一つとして組み込まれていたわけです。

さらにまた、前項でお話ししたように、一九六〇年代初頭にポーランドから前衛的な作曲家たちが現れますが、これにも政治的な背景が色濃く映っています。つまり、ポーランドは共産圏に属していましたが、とくにスターリンの死（一九五三年）の後はソビエトとは異なる自国のアイデンティティーを打ち出すために、国家の文化政策として新たな音楽を積極的に支援したのです。

この『ものがたり西洋音楽史』をはじめから読んでくださった皆さんは、高度に洗練された音楽文化が、いつの時代にあっても、時の支配権力（教会、王侯貴族、ブルジョア、そして、国家あるいは政府）によって庇護され、支援されることによって栄えてきたということに、すでにお気づきでしょう。それは逆に言えば、支配権力にとって洗練された文化をもつ利点があったということです。つまり、教会や王侯貴族にとっては、他を圧する自らの大きな権力と威厳の表象でしたし、ブルジョアにとっては、貴族に匹敵する社会的地位にあることを顕示するものでした。そして、市民社会の国家政府にとっては、国民を統合する手段として役立ったのです。

しかし、一九七〇年代半ばに、ヨーロッパにおける東西の政治的な分断と対立の終結が求められはじめると、芸術音楽の国家的政治戦略上の利用価値は徐々に下がっていきます。つまり、国家が芸術音楽を積極的に支援しなければならない理由が希薄になっていくのです。

もちろん、高い音楽文化は、あいかわらず、国の誇りではあるでしょう。とはいえ、「高い音楽文化」ということについての考え方にもまた、同じころに変化が見えはじめます。

さきほど前項の終わりで、古楽の復興運動が「それぞれの時代の音楽にはそれぞれの価値がある」という考え方を導いたとお話ししました。これと同様の相対主義的な考え方は、じつは、過去の各時代の音楽についてだけではなく、現代のさまざまな種類の音楽——芸術音楽、諸民族の伝統音楽、ポピュラー音楽、など——に対しても当てはまるものです。つまり、西洋の芸術音楽も、日本の伝統音楽も、あるいは他のどこかの地域の伝統音楽も、ポピュラー音楽も、それぞれに異なった固有の価値をもち、それらの価値の間に優劣はない。そうした考え方が、徐々に一般的になっていくのです。

「芸術としての音楽」の時代の音楽家たちは、芸術音楽こそが最高の価値をもつ音楽であるという信念に強固に根ざして、それを疑うことはありませんでしたし、また、モダニズムの作曲家たちも、その同じ前提に立って、さらに「新しい(現代的な)芸術にこそ価値がある」という信条の下でそれぞれの探究を進めてきました(この節の冒頭で引用したパウンドの言葉を想い出してください)。作曲家たちばかりではありません。音楽にたずさわるほぼすべての人々(演奏家も聴衆も)が、そのように考えていたはずです。ところがいまや、芸術音楽にあてがわれていた地位と絶対的な価値が、相対主義的な価値観によってゆらぎはじめたのです。

もし、他の種類の音楽にも、芸術音楽と異なってはいても同等の価値があるのであれば、芸術音楽だけをことさら尊重する理由はありません。ましてや、音楽が、大衆におもねようとするこんにちの国家的な文化政策に効率的に利するものであり得るとすれば、それは、一般の聴衆との間に距離ができてしまった前衛音楽などではなく、大多数の人々がなじんでいるポピュラー音楽であるということになるのでしょう。

こうして、一八世紀後期から二〇〇年間あまりにわたった「芸術としての音楽」の時代は、一九七〇年代半ばごろに終わりをむかえることになります。もっともそれは、芸術音楽がそこで消滅したということではありません。芸術音楽は、かつての威光を失ったとしても、いろいろな種類の音楽の一つとして、こんにちも確固たる存在を保ち、そこに深い価値をみる人々によって創造され、演奏され、聴かれ続けています。

お話はここでおしまい

西洋の中世から二〇世紀までを大急ぎで駆けぬけてきましたが、私はこの音楽歴史物語を、一九七〇年代半ばの「芸術として音楽」の時代の終わりで閉じようと思います。

もちろんそれは、西洋音楽の歴史の流れがこの時代の終焉とともに止まったということではありません。ただ、それ以後の出来事は、あまりに最近のことでありすぎるのです。出来事の単なる羅列ではなく、一つの物語として歴史を描くためには、いろいろな出来事を全体として見渡してみる必要があります。ところが、最近の出来事を見ようとすると、どうしても近視眼的になってしまい、そのような視野をもつことが難しいのです。私がここでこの歴史物語の筆をおく理由は、そこにあります。

この『ものがたり西洋音楽史』では、もっぱらヨーロッパでの出来事について、そしてそれに西欧化されたアメリカでの出来事を少しだけ加えて、お話ししました。「西洋」の音楽の歴史なのですから、それはとうぜんのことに思えるでしょう。

とはいえ西洋音楽は、いまや、けっして西洋だけのものではありません。例えば、一九世紀半ば過ぎ(すなわち、明治時代)に本格的に西洋音楽を受けいれはじめてからまだ一五〇年ほどしか経(た)っていないこんにちの日本には、すでに高度な西洋音楽の文化があります。そして、日本だけでなく、世界中の非西欧諸国の多くでも、似たような状況がみられます。

しかしこの本では、そうした他の地域の西洋音楽については触れませんでした。それは、非西欧諸国における西洋音楽の実践(作曲や演奏)が、西洋音楽の伝統自体に影響をおよぼす可能性がようやく見えはじめるのは、「芸術としての音楽」の時代が閉じつつあった一九七〇年代ごろになってからのことだったからです。

「芸術としての音楽」の時代以後の、非西欧諸国の西洋音楽をも含めた歴史物語は、きっと何十年後かに、未来の著者によって、「芸術としての音楽」の時代以前の諸時代の歴史をも再び見なおす形で記されるにちがいありません。

事項索引

【さ行】

【た行】

【な行】

【は行】

【ま行】

【ら・わ行】

人名索引

【あ行】

【か行】

【さ行】

【た行】

【な行】

【は行】

【ま行】

【や行】

【ら行】

【わ行】

近藤　譲
1947年，東京生まれ．昭和音楽大学教授，お茶の水女子大学名誉教授，アメリカ芸術・文学アカデミー海外名誉会員．専門は作曲，音楽学．高校生の時に，初めて生のオーケストラの響きを聴いた瞬間に作曲家になることを決意．作曲をするうちに，自分をとりこにしている音楽とはいったい何なのかを知りたいと思い，音楽の思想，理論，歴史を学び始めた．
主な著書に『線の音楽』，『聴く人』(いずれもアルテスパブリッシング)，『〈音楽〉という謎』(春秋社)，主な訳書にヒューズ『ヨーロッパ音楽の歴史』(共訳，朝日出版社)，ボンズ『「聴くこと」の革命』(共訳，アルテスパブリッシング)．また，作曲作品は，オペラ《羽衣》をはじめとして150曲以上（イギリス，ヨーク大学音楽出版局）．

ものがたり西洋音楽史　　岩波ジュニア新書 892

2019年3月20日　第1刷発行
2023年5月15日　第5刷発行

著　者　近藤　譲（こんどう　じょう）

発行者　坂本政謙

発行所　株式会社 岩波書店
〒101-8002 東京都千代田区一ツ橋 2-5-5
案内 03-5210-4000　営業部 03-5210-4111
ジュニア新書編集部 03-5210-4065
https://www.iwanami.co.jp/

組版　シーズ・プランニング
印刷・理想社　カバー・精興社　製本・中永製本

ISBN 978-4-00-500892-6　　Printed in Japan

岩波ジュニア新書の発足に際して

きみたち若い世代は人生の出発点に立っています。きみたちの未来は大きな可能性に満ち、陽春の日のようにひかり輝いています。勉学に体力づくりに、明るくはつらつとした日々を送っていることでしょう。

しかしながら、現代の社会は、また、さまざまな矛盾をはらんでいます。営々として築かれた人類の歴史のなかで、幾千億の先達たちの英知と努力によって、未知が究明され、人類の進歩がもたらされ、大きく文化として蓄積されてきました。にもかかわらず現代は、核戦争による人類絶滅の危機、貧富の差をはじめとするさまざまな人間的不平等、社会と科学の発展が一方においてもたらした環境の破壊、エネルギーや食糧問題の不安等々、来るべき二十一世紀を前にして、解決を迫られているたくさんの大きな課題がひしめいています。現実の世界はきわめて厳しく、人類の平和と発展のためには、きみたちの新しい英知と真摯な努力が切実に必要とされています。

きみたちの前途には、こうした人類の明日の運命が託されています。ですから、たとえば現在の学校で生じているささいな「学力」の差、あるいは家庭環境などによる条件の違いにとらわれて、自分の将来を見限ったりはしないでほしいと思います。個々人の能力とか才能は、いつどこで開花するか計り知れないものがありますし、努力と鍛練の積み重ねの上にこそ切り開かれるものですから、簡単に可能性を放棄したり、容易に「現実」と妥協したりすることのないようにと願っています。

わたしたちは、これから人生を歩むきみたちが、生きることのほんとうの意味を問い、大きく明日をひらくことを心から期待して、ここに新たに岩波ジュニア新書を創刊します。現実に立ち向かうために必要とする知性、豊かな感性と想像力を、きみたちが自らのなかに育てるのに役立ててもらえるよう、すぐれた執筆者による適切な話題を、豊富な写真や挿絵とともに書き下ろしで提供します。若い世代の良き話し相手として、このシリーズを注目してください。わたしたちもまた、きみたちの明日に刮目しています。（一九七九年六月）